U0946762

我们从哪里来？我们走向何方？中国到了今天，我无时无刻不提醒自己，要有这样一种历史感。

——习近平

摘自习近平总书记在北京会见第二届“读懂中国”国际会议外方代表时的谈话（《人民日报》2016 年 1 月 5 日）

读懂中国

读懂中国丛书

读懂中国丛书

福田康夫看中国

东方智慧与世界和平

［日］福田康夫　著
王　敏　译

总　序

郑必坚

读者面前的这套丛书，有一个总题目，叫作：读懂中国。

为什么要提出“读懂中国”的问题呢？

你看，当今世界发生的变化，可谓天翻地覆，令人目不暇接。最大的变化，莫过于中国。

从20世纪中叶新中国成立以来，特别是最近这40年时间，就使一个多达十三亿多人口的贫穷落后的东方大国，实现了跨越式大发展，迅速成为世界第二大经济体。

人们自然会问：在中国，究竟发生了什么事情？中国快速发展的奥秘究竟是什么？

人们自然也会问：一个正在强起来的中国，和世界怎么相处？

于是乎，问题套问题，疑虑叠疑虑，“中国威胁论”“中国崩溃论”，“修昔底德陷阱”“中等收入陷阱”，这“论”那“论”，这“陷阱”那“陷阱”，纷纷指向中国。

毫无疑问，中国人应当坚定不移地走自己的路，把自己的事情办好。而这本身就包含着，为了回答人们的关切、问题和疑虑，必须做好一件事：“读懂中国”。

为此，由我主持的国家创新与发展战略研究会发起，联合中国人民外交学会，和国际知名智库21世纪理事会合作，在2013年11月和2015年11月先后举办了两届“读懂中国”国际会议。

这两次重要的国际会议，得到了中共中央总书记、国家主席习近平的重视和支持，亲自到会同与会外国嘉宾座谈。国务院总理李克强和副总理张高丽分别出席了第一届和第二届会议，并在会上作了开幕演讲。中共中央和国务院许多部门的领导同志，也到会同来自世界各国的政要和专家学者进行面对面的交流，回答大家提出的问题。

会议取得的成功，给我们的最大启示是：只要直面问题，只要心诚意真，只要实事求是且生动具体地讲好中国故事，讲好中国共产党的故事，讲好中国和世界相处的故事，将大有利于关心中国的人获得新知，怀疑中国的人逐步释惑。

为此，我们设想，把“读懂中国”的国际会议搬到书本上，搬到视频上，搬到网络上，在更大的场合，用更加生动的形式，回答人们的关切、问题和疑虑。

这一设想，不仅得到了有关部门的大力支持，不仅得到了中国外文局和外文出版社的大力支持，而且得到了一批对这些问题有亲身实践经验和较深研究的专家学者和领导同志的大力支持，为丛书撰稿。

这就是读者面前这套丛书的由来。现在编辑出版的还只是这套丛书的第一辑，以后还会有第二辑、第三辑以至更多的好书问世；现在这一辑主要是中国作者的作品，以后还会有其他国家作者的作品。

不仅是丛书，以后还会有配套的电视专题片和网络视频，陆陆续续奉献给大家。

在我们看来，“读懂中国”，包括“读懂中国共产党”“读懂中国和世界的关系”，是一个宏大的事业。

让我们共同以极大的热情，来关注这一事业、参与这一事业！

二〇一八年三月

总序二

郑必坚

在全国人民共同庆祝中国共产党成立100周年之际，我们的“读懂中国”丛书第二辑又摆在了读者的面前，外文版也将在近期面世。

2018年，“读懂中国”丛书第一辑（中英文版）在第三届“读懂中国”国际会议上举行首发式，几年来，我们陆陆续续收到读者的反馈，无论是有关部门的领导，还是专家、学者、媒体人士，以至我们的海外读者们，都对我们的丛书给予了高度评价。在此，向你们表示衷心的感谢！正是你们的关心和关注，才使得我们的丛书更有分量、更显智慧、更具价值。

为什么要组织编写“读懂中国”丛书呢？对于这个问题，我在丛书“总序”中已经给读者作了解答。在这里我想强调的是，在2015年由国家创新与发展战略研究会、中国人民外交学会和21世纪理事会共同举办的第二届“读懂中国”国际会议上，习近平总书记在同外方政要和专家学者座谈时讲到“读懂中国”是向世界介绍中国的一个很好的平台，他还说：“我们从哪里来，我们走向何方？中国到了今天，我无时无刻不提醒自己要有这样一种历史感。”事实上，中国从哪里来、中国走向何方，也是人们长久以来对中国这个世界第二大经济体所提出的问题和疑虑。于是，我萌生了组织各方面专家学者编写“读懂中国”丛书的想法。

“读懂中国”丛书都讲了些什么？在中国特色社会主义已经进入新时代的今天，要“读懂中国”最重要的自然就是要读懂新时代的中国，而要读懂新时代的中国，最重要的自然就是要读懂习近平新时代中国特色社会主义思想。因此，国家创新与发展战略研究会在中央领导的肯定和有关部门的指导下，在中国外文局和外文出版社的大力支持下，邀请了一批有丰富实践经验、并对中国问题有着深刻观察和研究的专家学者，就习近平新时代中国特色社会主义思想和改革开放四十多年所走过的道路，特别是中共十八大以来以习近平同志为核心的党中央治党治国治军的重要决策、重大进展及面临的新形势新挑战等海内外关注的焦点问题作出专门论述。

“读懂中国”丛书有什么值得推荐的吗？我以为，需要特别指出的至少有这么两点：一是内容上的实事求是，二是风格上的生动具体。“实事求是”是指我们的作者努力向大家展示一个真实、立体、全面的中国；“生动具体”是指纳入丛书的这些论著，不仅凝结着作者多年一贯的学术思考，而且展现了一个又一个有画面感的故事，毫不晦涩、毫不做作。

“讲好中国故事，讲好中国共产党的故事，讲好中国和世界相处的故事”，是帮助“关心中国的人获得新知，怀疑中国的人逐步释惑”的最好方式。我们是这么想的，也是这么做的。

“读懂中国”丛书第一辑获得广泛关注，让我们感到，这件事我们是做对了，我们抓“读懂中国”这个主题抓对了。特别是站在“两个百年”历史交汇点的今天，面临大变局、大考验，中国更要推动“读懂中国”这个宏大事业，包括“读懂中国共产党”“读懂中国和世界的关系”，从而逐步实现“大合作”。

这个事业不容易，但值得干。希望越来越多的朋友加入我们的事业，且给我们以指教。让我们一起努力！

二〇二一年六月

目　录

前　言

世界是一个命运共同体　对话才是关键

福田康夫、王敏

日本前首相福田康夫经常提起其父——同样曾任日本首相的福田赳夫从政以来的教诲——资源有限，世界实为命运共同体。福田康夫认为，这一认识是源于人类生存本能，而非抽象理论所赘言的精辟共识。他始终以此为座右铭，无论从政还是做人都努力践行。正因如此，福田康夫对习近平主席提出的人类命运共同体理念，表示坚定的支持和拥护。福田康夫如此表达了这一心迹：

> 中国共产党第十八届全国代表大会以来，习近平主席发出“构建人类命运共同体，共同建设更加美好的世界”的伟大号召。家父一贯主张的“命运共同体”有幸与习近平主席的思想相遇，为之奋斗而发展起来的日中关系得以汇入“人类命运共同体”理念的大河，我们为之振奋，为之感叹！

福田康夫认为，国与国之间早已不能单打独斗，只有谋求共同发展才能保证人类社会的和平发展。因此，如果缺少了人类命运共同体的指导思想，“一带一路”倡议也将难以实施。

期冀源于亚洲的和合思想，在我们的时代得到创造性发展，进而造福人类。

互为命运共同体

王敏　您认为中日两国当前需要共同深化哪些方面的共识？

福田康夫　自古以来因为地理原因，日本在文化、习俗等生活的方方面面都依赖于一衣带水的邻邦中国。日中两国在历史上没有过疏远的时代，但进入20世纪后，日本一度走上了错误的道路。基于那段历史留下的反思和教训，战后的日本一直以为世界和平做贡献为首要目标，尤其在修复日中关系方面做了很多努力。

家父福田赳夫总是教导我，世界就是一个命运共同体，并且将其视为核心理念。与许多日本人一样，家父的这种观念也来自于“日本和中国的文化根基相通”这样一种朴实的想法。

就任日本首相之后的福田纠夫在日中关系方面一直主张全方位的和平外交，面对实现日中邦交正常化后的两国关系的又一挑战，他积极推动，实现了和平友好条约的缔结。

1978年，邓小平先生访问了日本。10月23日，在日本首相官邸举行了《日中和平友好条约》批准书互换仪式。在双方签字后，邓小平先生和福田纠夫拥抱在了一起。那一刻，中国和日本成为了心连心的命运共同体。作为辅佐父亲的秘书，我有幸见证了那个历史瞬间。当时心中的感动至今记忆犹新。

王　这正是中日命运共同体。

福田　2007年9月26日，我出任日本首相。就职3天后，我就与温家宝总理通了电话。那是有史以来日中首脑之间进行的第一次电话会谈。当年 12 月 27 日我便访问了中国，28 日在北京大学，作为日本首相首次在中国的大学里发表演讲，题为“共创未来”，向中国全国直播。

第二年的 5 月 7 日，正在访问日本的国家主席胡锦涛和我共同签署了《日中关于全面推进战略互惠关系的联合声明》。这一切都在沿着命运共同体的轨道向前迈进。

在中国共产党第十八次全国代表大会之后，习近平主席便提出世界应该朝着构建人类命运共同体方向努力的倡议。“构建人类命运共同体，携手共创美好世界”的提议深深打动了我。

王　您对 2022 年博鳌亚洲论坛开幕式上习近平主席的主旨演讲有何感触？

福田　我认为习近平主席的讲话非常全面。特别是强调了中国今后的发展方向，并且再次提到了构建人类命运共同体的理念，我非常赞同。因为国家的根本理念至关重要。习近平主席还使用了“同舟共济”这句成语，这表明了中国的胸怀和担当。

我希望走向世界舞台中央的中国，能够成为世界所希望看到的中国。

中日关系的课题

王　您认为当前中日共同面对的课题是什么？

福田　在日中关系方面，我认为，两国国民如果都把对方当做是一种威胁，那么关系必定不会向好。不要总是板着脸，要记得多对对方微笑，关系一定会有所缓和。这是民众情感的问题，尤其需要政治家多做努力。希望政治家能给大家一个不用板着脸相处的政治环境。

除此之外，气候以及环境问题是两国共同面临的重要课题，这个问题已经非常严重。这虽然也需要政治家们的引领，但也需要每一个国民的具体行动。比如减少不必要的消费、珍惜能源等，应该提倡以这种朴素而简约的生活方式为美德。这就需要每一位国民都深刻理解这其中的意义，并给予积极的配合。否则，地球环境将永远不会得到改善。

王　自古以来，两国辞典中都有“质素”“节约”“清廉”这样的词汇，并且都是褒义词，被认为是一种美德。

福田　中国是拥有14亿多人口的大国，人口全球占比20%。相应的，也应该对这个地球负起更大的责任。

环境问题是全球范围的大问题，需要全人类齐心协力去攻克。我们哪还有时间来打仗？一发生战争就要燃烧火药，就会消耗能源，也会产生巨大量的二氧化碳。为了避免这种事情发生，我们必须要维护和平。

无论如何，我认为日本和中国在以气候问题为主的环境危机面前，应当围绕如何构建一个可持续发展的社会多展开讨论，携手去解决这一全球规模的课题，这一点非常重要。

王　您大概已经注意到了，今年博鳌亚洲论坛的所有场馆都实现了百分之百“绿电”供应。

福田　我非常赞成中国重视绿色环保的措施，也非常期待今后中国在环保领域的发展。近年来中国最大的变化是经济发展，但仅仅靠经济实力还无法提高在国际社会的地位。今后中国将为国际社会做出怎样的贡献，全世界拭目以待。因此，维持信任是一个紧要课题，没有信任，其他事情将无从谈起。

王　《区域全面经济伙伴关系协定》的正式生效对日本是一个利好消息吗？

福田 《区域全面经济伙伴关系协定》的本质需要依靠各国互相协作才能得以维系。没有信任，何以促进经贸往来？所以，各国民众都对此负有责任。

对话才是关键！

王 2022年是中日邦交正常化50周年，对于今后中日关系的发展您有何见解？

福田 日中两国是一衣带水、休戚相关的邻邦，希望大家牢记这一特点。在此前提之下，发挥我们的智慧，多多开展包括经济、人员和文化在内的各领域的交流。

王 您对文化的定义是？

福田 文化是人类独有的，人类用自己的双手逐渐构建起来的有形或无形的成果。进一步讲，“文化”一词的词源来自拉丁语，有“耕种、崇拜、守护并培育”的意思。

王 中日两国文化有哪些异同？

福田 中国是日本的邻国，在文化上对日本产生了很大影响。在中国和日本长达两千多年的友好往来史中，两国之间的文化交流如滔滔江水发挥了巨大的作用。

与不同文化交流，意味着我们要认识和尊重彼此的文化，并尽可能地达成相互理解。我相信，在不同文化背景下，只有双方试图相互理解彼此的世界观和习惯，并共同培育和耕种，才会结出丰硕的友好果实。

王 现阶段最需要做的是？

福田 对话才是关键！一定要积极对话，多对话。

王 虽然我们已经对话了两千多年，但似乎还是不够。我也非常期待与福田先生的下一次对话。谢谢。

第一章

东方之智　中国之治

日中经济关系的相互作用和“心连心”

2017 年 12 月 16 日

目前世界正在发生剧烈的变化，也许这个说法有点夸张，但可以说我们现在正处于历史的转折点。这个变化的中心就是自由经济的扩大，科学技术无止境的进步。而与此相呼应的还有中国的崛起，我想这一点是毋庸置疑的。日中两国加上韩国构成的东亚三国经济圈，其规模已经超过了欧盟，发展到了可以与美国抗衡的程度。

世界现在已经到了一个新的转折点，在这样一个形势下，日中两国应放眼整个世界，进一步加强两国关系中最重要的因素——经济，这便是时代给予两国的重大机遇。刚才我已经说到，世界大转折期一个最大的因素就是东亚经济规模的变化。地处东亚中心的中国，在前一段时间召开的中国共产党第十九次全国代表大会上，习近平主席提出了截至 2050 年的国家目标，并且宣布要向着新目标、新时代而出发。在日本，现任安倍内阁也属于日本战后十分罕见的长期稳定政权了。在世界这样一个巨大的变革期，日本与中国两个大国都具有非常稳定的政治基础。因此，我们不能仅仅着眼于日中两国间的问题，还要共同去讨论亚洲与世界的问题，去找出解决方法，并且共同采取行动，为世界和平与发展携手并进。

日本在 20 世纪六七十年代经历了高速经济增长期，当时的经济发展倾向于第二产业，我们叫“重厚长大”产业。服务业发展比较缓慢，在这此背景下，日本国民收入的差距不断扩大。日本采取的解决方法是税制，就是对高收入人群征收收入七成以上的税，借此采取平均化的政策抑制了收入差距扩大的势头。90 年代初经历了泡沫崩溃，其后 20 年经济增长基本停滞，一般称为“失去的 20 年”或者“经济停滞发展的 20 年”。但是我对此有一些不同的看法。当然，在“失去的 20 年”中，日本经济的确没有出现此前高速增长期那样的发展活力，但是在这 20 年当中，日本人生活水平是非常稳定的，可以说生活和社会服务的整体质量和品质是有所提高的。大多数日本国民享受着日本有史以来比较高品质的生活水平，而且是可以这么长时间地享受如此高品质的生活水平，这在历史上是从来没有过的。

最近一项舆论调查反映出目前这种状况，大约 70% 的日本国民满足于现在的生活状况。当然，我并不是想说日本不存在问题。日本存在众多社会问题，特别是少子化问题，可以说是一个最大的问题。除此之外，其他问题也是堆积成山。但是，经济以这种低速度发展，反而促进了日本社会的成熟化。那就是创造出了一个可以平等、干净、安心生活的社会环境。只要我们不考虑将来的社会发展问题，可以说舆论调查结果是真实反映当前情况的。

中国在这段时间内，经济发展的速度不断地加快，2005 年中国 GDP 只是日本的一半，但是 2010 年超过了日本。现在中国的经济规模是，GDP 已经逼近了日本的 3 倍。

具体来说，比如中国的高铁建设，现在已经超过两万公里，而 2025 年的目标将会达到 3.8 万公里。这远远超越了日本新干线公里数的 3300 公里，中国高铁时速也超过了 350 公里，中国高铁安全性也是非常高的。

另外，在经济领域，中国超越日本的情况也越来越多。比如高端经济，就是利用 IT 高端技术以及智能手机，将 IT 技术普及到日常生活中的技术发展速度非常快。总体来说，中国的发展速度令人瞠目结舌。

我们要完成一件事情，一般是希望越早完成越好。诚然是越快越好，但这个过程会伴随风险。什么风险呢？我想举其中一例，即当经济增长速度非常快的时候，经济整体容易失衡，就是说不太容易取得平衡。大家会更多关注发展快的部分，而容易忽略落后或发展缓慢的部分。所以重要的是，我们要看到国家整体的发展情况，所有领域得到均衡发展，不让国民对生活产生不满。

日中经济关系已经发展到必须加强互补的阶段，日中两国各自国情等存在差异。但是我们两国同处一个区域，而且我们的文化渊源可以说非常相近，人们的交流也很多。同时，我们也面临诸如老龄化问题等共同的社会问题。所以，拥有很多共同点的两个国家需要互相学习、互相合作，我认为现在已经到了这样一个时期。

最近 20 多年来，日本的发展成熟稳定，为发展日本经济，非常有必要汲取中国的经济发展活力。两国应相互合作，相互补充，各取所需，这一点非常重要。

在中共十九大上，习近平主席把握了这样一个现实形势，向全世界发出非常明确的信息：第一，中国梦的实现离不开和平的国际环境与稳定的国际秩序；第二，各国必须互相合作，共同打造相互尊重、公平、正义、合作、互惠的新型国际关系。我完全赞同习近平主席的思想理念。

世界目前正处于一个重大的转折期，日本和中国同为亚洲国家，现在已经到了两国要共同考虑世界未来发展的时代。为实现亚洲与世界和平发展，日中两国必须就宏观理念构想以及支撑以上理念构想的原则和实现方法等，进行真挚且有建设性的讨论，东京—北京论坛正是这样的平台。

在“福田主义”三个要点里，我认为最重要的是“心连心”，即心与心的相通。这句话好象有点抽象，不同的人也许有不同的定义或者感受。这个词在东南亚各国也脍炙人口，现在他们也经常用这个表述。人不可能与社会孤立开来生活，必须要相互帮助，相互扶持，才能建设一个良好的社会。国家之间也是一样，必须相互合作，相互补充，相互协作，才能够建设一个和平而美好的国际社会。我觉得这应与习近平主席所提倡的人类命运共同体理念是共通的。

自古以来，日本和中国之间其实有很多事情可以使用相同的语言来沟通，我想今后这样的事情、这样共同的语言会越来越多。

中国的发展是日本的机遇

2018 年 10 月 31 日

1978 年 10 月，我作为时任日本首相福田赳夫的秘书，有幸在东京见到正在日本访问的邓小平先生。他是一位慈祥、亲切、精力充沛的先生。除了在东京与福田赳夫首相会谈之外，邓小平先生还去其他地方参观了新日铁公司、日产汽车公司和松下公司的工厂。此后不久，中国共产党第十一届三中全会召开，做出了改革开放的伟大决定。

中国共产党的这项政治决断非常英明。没有改革开放，中国就难以实现快速发展。20 世纪 80 年代初，我曾访问北京、西安、上海等地，中国当时十分贫穷，跟现在完全不一样。从北京首都国际机场到市内的公路十分狭窄，道路两边是农田，农民在田里劳作的场景至今仍历历在目。

此后，我访问中国约 30 次。每次去中国，都能切实感受到中国发生的巨大变化。我曾两次乘坐中国高铁，不仅速度快，而且车厢干净、漂亮、舒适。1964 年，日本第一条新干线通车，到现在才建设了约 3000 公里。中国只用了十几年的时间，高铁的通车里程就已超过 2.5 万公里，这么算下来，中国高铁通车里程相当于日本的 8 倍。

今年 4 月，在博鳌亚洲论坛年会上，许多国家领导人都为中国的快速发展而惊叹。2000 年，中国国内生产总值约是日本的四分之一。

2010年，中国超越日本成为世界第二大经济体，如今，中国国内生产总值几乎是日本的2.5倍。在人类历史上恐怕没有哪个国家能像中国这样实现快速发展。

中国的改革开放之所以能取得巨大成就，最重要的原因是中国人民在中国共产党的正确领导下，根据本国国情，找到了一条适合本国发展的道路。正如邓小平先生所强调的那样，“发展才是硬道理”“稳定压倒一切”。在中国共产党领导下，中国政治稳定、社会秩序良好，为经济腾飞创造了良好的环境。历史已经反复证明，如果政治不稳定，经济发展就无从谈起。日本当年经济高速增长，也是因为日本政局长期稳定。日本和中国国情不同，日本政党用适合日本的方法管理日本，中国共产党用适合中国国情的方法治理中国。中国的发展道路非常适合中国国情。

我非常赞同习近平主席提出的构建人类命运共同体理念。各国人民都生活在同一个地球上，大家都是朋友，应该命运与共。习近平主席不久前访问亚非多国，就是在实践人类命运共同体的理念。非洲是世界上发展落后的地区，很多国家依然贫困，不少非洲人民的生活依然没有保障。近代以来，欧洲在非洲制造了大量的殖民地，给非洲人民带来了巨大的苦难。他们没有技术，经济发展经验不足，致使这些国家经济基础非常薄弱。习近平主席访问非洲，目的是与非洲携手发展，与非洲各国人民一起构建人类命运共同体。令人欣慰的是，中国帮助非洲建设了大量基础设施，改善了非洲的民生状况。如果日本能和中国一起助力非洲发展，将极大地造福非洲人民，这不仅有利于非洲经济发展，而且也有利于世界和平与发展。

今年是中国改革开放40周年。正如今年4月习近平主席在博鳌亚洲论坛年会开幕式上所强调的那样：让我们坚持开放共赢，勇于变革创新。改革开放是不断向前的伟大航程，希望中国继续深化改革、扩大开放。今年也是《日中和平友好条约》缔结40周年，中国和日本作为一衣带水的邻邦，分别是世界第二大和第三大经济体，中国的发展对日本是机遇，希望两国密切合作，为构建人类命运共同体贡献智慧和力量。

谋求和平的“中庸”智慧

2019 年 11 月 16 日

在日本，很多民众从孩童时期就开始接触儒家经典，我的祖父与父亲都曾认真地学习过，我的曾祖父更是对儒家思想进行了深入研究。这些足以说明，儒学在日本的传播深远且广泛。虽然，我不太了解当前日本年轻人研习儒学的情况，但我相信，他们当中一定会有很多人亲近儒学。虽说是亲近儒学，但是否了解儒学的内容又是另一回事。日本有一句话叫，“读《论语》而不知《论语》”。意思是，知道《论语》这部书，也学习了《论语》的章句，也能背出来，但是不了解其中真正的含义。例如，“和而不同”这句话，在日本许多人都知道。儒学在日本如此普及，说不定会有人误以为儒家思想产生于日本。由此可以看到，儒学在日本的社会层面和教育层面，都占据着重要的地位。

虽然知道儒家思想源自于中国，但对儒学在中国的发展状况，我并不是很了解。在我担任日本首相期间，也就是 12 年前，我走访了儒学的发源地——孔子的故乡曲阜。当得知孔子就诞生在那里时，我感到非常高兴，同时也激发了我要继续努力钻研儒学的决心。

儒家思想对于日本人来说，是重要的学问，更是深刻的教谕。用现代的表述来阐释孔子的核心思想，就是追求和平与安定。我认为，儒家向往的和平既包括国家的和平，也包括国际的和平；安定既指经济发展的稳定，也指国民的安心。达到这种理想状态的办法或途径，就是中庸思想。当下中国的繁荣发展就是选择并坚持走安定和平的发展道路，相信中国在今后会取得更大的发展。

以人类命运共同体应对世界剧变

2019 年 6 月 28 日

不可否认，我们生活在一个激荡变化的时代。

十年前的中国还没有像现在这样在世界经济中发挥如此重要的作用。十年后的今天，美国和中国是世界两大经济体。中国拥有了领导世界的实力。大家是如何看待这十年的变化的？关于如何评价这十年，以及国际形势和国力的变化对对外政策产生了怎样的影响，专家们又是怎样解读的呢？

面对剧变时代所产生的课题，我们必须避免对现在及未来的方向性做出误判。从近十年的经验来看，我最担心的就是误判。日本国内也多次强调“世界正在发生剧变”“面临着非常复杂的国际形势”。

这十年来，中国竭尽全力发展经济，取得了现在的国际地位。当然，随着国际社会对中国的关注度越来越高，各国也开始以苛刻的目光审视中国的行为方式。在这种情况下，中国的一举一动有时也会对日中关系的走向产生巨大影响。

在这种背景下，日本应该发挥怎样的作用，扮演什么样的角色，也是我们必须思考的问题。换句话说，这是我们如今所面临的时代课题。

日本对当前中美之间的摩擦有着深刻理解。因为过去日美两国之间也曾发生过贸易摩擦，也曾经历过现在中美之间出现的状况和事态。

那时，我们为此烦恼不已，展开了艰难的谈判。但与此同时，我们也从谈判中吸取了很多教训。

当时也有日本官员与美国进行谈判。现在，中方谈判人员如何与美国谈判，怀着怎样的心情？经历过与美国交锋的日本官员们从50年前开始就已经体验过。

他们最清楚日本应该如何与美国谈判，形势对自己有利还是不利。很多时候，日本在对美谈判中被迫让步。虽然也遇到过一些艰难险阻，但归根结底，这些辛苦也是日本产业和社会走向现代化、国际化的“阵痛”。日本正是通过这种反复斗争，如今才被美国和欧洲各国认可为现代国家，也被亚洲各国视为伙伴。

日美之间自1970年以来就不断发生这样的矛盾和摩擦。但是，当我看到日本现在的面貌和姿态时，就会认为这些经历并不一定都是坏事。当然，更多的是困难。

如今，中国面临的课题和当时的日本一样。当时的日本是官僚掌控产业界的官僚国家，被诟病为株式会社（Japan Company），美国批评日本，说日本把国家变成了一个公司与美国竞争。

现在，当我听到与中国进行谈判的美方言论时，忽然想起了当时美国的对日言论。

自签订“广场协议”以来，日美之间每年都要进行有关新兴贸易和经济的谈判。虽然有些问题并不容易解决，但我们不能放任不管，必须找到切实可行的解决方案。即使是看似很小的问题，也有可能关系到世界经济的未来，一直以来双方都是秉持这样的大局观和责任感来应对问题的。

中国现在已经成为世界上最重要的两个大国之一，必须与其他国家共同承担国际责任。

回顾日本的经验，可以认为对美谈判是促使日本社会发生变革的一次契机。当时的决策过程非常艰难，因为如果日本的政治家不能妥善应对，那么日本社会就会出现严重混乱，制造业和农业都会受到巨大打击。在这样的背景下，我们探索日本社会和产业的理想状态，果断做出了应有改变。如此看来，可以认为与美国的谈判带给日本的并不都是负面影响。

美国的要求确实很多，但我认为，中国不应将自己视为中美贸易摩擦的受害者，相反，要将之视作中国的机遇，利用这个机会，巧妙地处理问题，同时，探索未来的发展道路，找到新的经济增长动力。希望在持续展开谈判的过程中，中国不要错失良机，要将“危机”转化为“机遇”。

如果不能制定妥善对策，中美贸易摩擦可能会对全世界造成重大影响。要是连中国这样的国家都拿不出符合期待的对策，那么其他国家恐怕就更加无所适从了。我认为，作为大国的中国应该与各国合作，共同面对挑战，为构建人类命运共同体而努力。

我完全赞同人类命运共同体理念，并且认为这应该是中国未来的目标。我坚信，这条道路不仅会惠及中国，也会惠及全世界。各位中国的朋友，请时刻牢记自己正面临这样的考验。

在国际形势激荡变化的背景下，我认为应该以积极姿态面对新局面。希望中国分析日本一路走来的历程，客观评价日本经验。当然，其中也有不完美或失败的地方。希望大家能够看到好的方面和不好的方面，做出全面的评价。

中国七十年　沧海变桑田

2019 年 10 月 1 日

在我办公室的墙上挂着一幅中国书法作品，上面“一衣带水”四个字反映出中国对于日本而言是非常重要的国家。

我多次到访过中国，在新中国成立 70 周年之际，我再次回想起首次到访时留下的印象，不由得为中国 70 年的发展成就“点赞”，并对构建人类命运共同体以及日中关系继续向前发展充满期许。

“温故创新”正是目前中国的发展状态。70 年来，新中国的发展是脚踏实地的。尤其是改革开放以来，中国对产业发展模式具有新的思考和实践，取得了日新月异的成就。中国的领导人一代一代继承和发展改革开放的理念，引领中国持续向前。世界公认改革开放的 40 年是新中国发展集大成的阶段。今后，中国仍将在此基础上谋划未来发展的蓝图，迈入下一个新阶段。

1980 年，我怀着强烈的好奇心访问中国。那时，中国还没有进入经济高速发展阶段。北京给我留下的第一印象是哪里的人都很多，天安门广场前的街道上自行车更是川流不息。虽然马路上汽车还很少，但整座城市充满了活力。那一次访问，除了北京，我还去了西安和上海。

改革开放以后，中国以强大的学习、借鉴能力，结合自身国情摸索发展道路，实施社会主义市场经济，与世界经济接轨，在金融、投资、人才等方面都在不断进步。后来我重访这些城市，看到的变化都是之前无法想象的。

随着经济飞速发展，中国在各个领域都发生了巨大变化，尤其是国民生活水平、教育等方面。虽然地区间还存在着贫富差距，但据我了解，现在中国的地方城市均获得了巨大发展。此外，还有一个显著特征是，互联网、智能手机普及全国，不论是大城市还是小地方，都能获得同样的信息。信息的广泛、快速传播令社会教育和国民意识进一步提高。对于国家而言，能够将国民意识凝聚成合力，是非常重要的。

今年，我参加了博鳌亚洲论坛。在论坛上，我提到中国经济发展正从追求速度向提高质量转变。像“深圳模式”就引起了日本经济界的广泛关注。1995 年，我第一次去深圳时，那里还一片荒芜。如今，深圳高楼林立，创新型企业如雨后春笋般涌现，让深圳有望成为与美国硅谷竞争的高新技术创新城市。虽然美国在研发创新方面有着更长的历史，中国部分零部件目前还需要进口，但中国正致力于向着拥有生产全零部件能力的方向勇往直前。我认为，在某些方面中国必将超过美国。

中国的技术发展能够日新月异绝非一蹴而就，得益于中国为其打下了坚实的基础，并在此基础上进行创新。同时，中国并未满足已经取得的成果，而是放眼继续发展的空间，并且注意补足自身在一些细节上还存在的不完善之处，将创新的基础筑得更加牢固，让发展走得更远。中国的这种发展模式是正确的，期待今后继续按照这一模式边发展边验证，一直顺利发展下去。

2007 年我作为日本首相访问中国时，在山东孔子的故乡提到“温故创新”。我认为，以此形容当前的中国仍然非常合适，同时也是我对中国未来发展的期许。“温故知新”是孔子的名言，在日本广为人知。

不过，知新还不够，还需要创新。这是中国正在践行的。

中国提出了构建人类命运共同体的构想，我认为这是和平主义的理念。我办公室里有中日英三个文版的《习近平谈治国理政》。习近平主席明确阐述了他关于和平与人类命运共同体的观点，并且领导中国为之努力。我认为，他同我一样都是和平主义者。日本曾经发动愚蠢的战争，基于对此的反省，战后日本制定了和平宪法，成为和平主义国家。当今时代，由于核武器存在，一旦爆发核战争，整个世界将无法存续。因此，全人类、全世界都应该致力于捍卫和平。

我的父亲与我都认为，中国对于日本而言不仅是邻国，而且是非常重要的国家。他和我进行过很多以此为前提的对话。我们对各个时期不同形势下的日中关系展开积极的讨论。在一些具体问题上，我们或许存在不同看法，但总体而言，中国对于日本非常重要，始终是我们的共识。不仅是我们父子，具有一般常识和知识的日本人都会这么想。

对于中国和日本而言，帮助其他发展中国家取得共赢，是必须承担的国际责任。我认为，中国一直在认真研究，在什么时候以什么样的方式与其他国家实现共赢，共建“一带一路”就是很好的证明。用对方国家和国际社会都能够接受的方式进行援助与共享，“一带一路”就会获得成功。关于中日第三方市场合作，在我担任首相时日中签署的文件就有所涉及。去年，首届中日第三方市场合作论坛在北京举行，两国企业签署了 50 余份、总金额超过 180 亿美元的合作协议，把这项合作落到了实处。

儒学让微笑充满人间

2020 年 10 月 14 日

2020 年 9 月 26 日，日本各大媒体几乎同时发布了一条震动社会的新闻——公元 6 至 7 世纪的手写本《论语》之注本《论语义疏》再现日本。

这部用二十张纸粘合而成，长度为 27.3 厘米的手写本于 2017 年经庆应大学图书馆从旧书店收购而得。庆应大学等机构组成的研究小组认为，该手写本可能成书于中国的南北朝末期至隋朝期间。相较以往出土的有关文物，基本上可以认为该手写本是目前最为古老的一种。

大约公元 3 至 5 世纪，《论语》传入日本，对日本产生了巨大影响。日本第一部成文法典《宪法十七条》第一条，就从“以和为贵”铺开论道。此例是日本选择儒家思想之精华治国理政的代表性体现。直至今日，日本的义务教育教材中，依然奉儒学的精华为知识教养之圭臬。

成书于南朝梁武帝年间的《论语义疏》，于公元 12 世纪在中国失传，清乾隆年间又从日本传回中国。儒学始终是贯穿日中两国心灵交往的一条通道。

1998 年，我的父亲，也是日本前首相的福田赳夫与德国前总理施密特等共同创办的首脑俱乐部，向联合国提交的《世界人类责任宣言》获得了通过。其中，“己所不欲，勿施于人”被定位为履行人类职责的

“黄金定律”。

取自《论语》的这句话，其核心含义也根植于世界不同的文化之中，因此，能够为世界所接受，在国际社会产生共鸣。

2014 年 9 月 24 日，习近平主席在纪念孔子诞辰 2565 周年国际学术研讨会讲话中指出：“推进人类各种文明交流交融、互学互鉴，是让世界变得更加美丽、各国人民生活得更加美好的必由之路。”

我真诚地希望：世界因儒学的滋润更加美丽，生活更加美好。

以积极具有建设性的提案为世界做贡献

2020 年 11 月 30 日

全球目前进入了一个摩擦的阶段，而且这种嘎吱嘎吱的摩擦声音越来越大了，比如在美国、欧洲都有一些反全球化、逆全球化的动向，很多国家更加内向。美国，特朗普执政之后打出了贸易保护主义和单边主义的旗帜，而且放弃了作为世界领袖的地位，经过本次大选，拜登会执政。但是，即便如此，现在美国整个国家陷入分歧之中，这种内向的趋向仍会持续。在过去一个世纪里，我们必须承认，美国引领了世界的发展。包括我在内的很多人都认为，美国当世界领袖有些疲惫了，出现了“世界领袖疲劳综合症”，很多美国人认为在目前国际秩序之下，对于美国来说，付出比得到的更多。在这种背景下，美国遇到了中国的崛起，这是一个严峻的现实，可能中国人并没有觉察到这一点，但是中国崛起给世界和国际秩序带来了很大的影响。因为中国的面积和美国差不多，而且人口是美国的 4 倍以上，是一个特别巨大的国家。在过去 40 年里头，按人民币名义有效汇率计算，中国的 GDP 增长了二百多倍，已直逼美国。

现实是中国 GDP 快速增长的确令人震惊。过去曾有一种预测，说若美中两国的经济发生逆转，最早也得是 2030 年到 2040 年。但是中国的发展超出了大家的预想，而且又由于今年疫情在全球范围内蔓延，美国经济出现了停滞，而中国经济很快地实现了恢复与发展。因此，现在有一种预测，2020 年代的后半期，具体来说 2027 到 2028 年之间以美元计价的中国 GDP 规模就会赶上美国的水平。现在很多从事经济预测的专家都提出了这种看法。

现在的美中两国都被嵌入到全球化经济之中，我想今后中国发展的趋势也不会有很大的变化。另外，中国的经济实力虽然赶不上美国，但是现在和美国的差距也在不断缩小。此外，在国际安全保障、太空、网络、数据、地球环境、国际金融制度、经济合作等国际社会体系的构建方面，中国和美国并驾齐驱，正在发挥重要的作用。中国有广阔的国土面积，有 14 亿多人口，国家是高度稳定的，今后有可能会出现一些问题和困难，但是从长远的角度来看，中国一定会继续发展，走向超级大国。这种可能性是非常大的。也就是对于美国来说，21 世纪的中国实际上会远远超过 20 世纪后半期的苏联和日本，而且是一个巨大且持续发展的超级大国。

关于这一点，近年美国政府和美国国民都有所察觉，尤其这几年，在美国国内以及包括同盟国在内的国家里，中国威胁论甚嚣尘上。

在经济实力方面，美中两国地位的变化，实际上并不意味着包括军事实力在内的综合实力也会发生逆转。我认为今后从整体上来看，美国仍然会保持世界领袖地位，但是两国经济实力的变化具有象征性意义，会给美国乃至国际社会带来非常大的影响和震动。中国、美国以及包括日本在内的国际社会，对于前述大家所担心的美中对抗不断升级，如何去应对，或者如何去避免，这是非常有必要探讨的课题。

不管怎么说，新兴的中国今后仍然会继续地发展，要想阻挡中国的崛起是不可能的。而中国将来也会进入一个稳定成熟的时期，美国今后也会持续内向，但是作为世界大国的国际地位，在今后一段时期内不会发生变化。即便如此，拜登执政之后的几年里，两国之间很可能还会存在各种各样的猜疑和纠葛。我们希望能够平稳地度过这段不平稳的时期，最终迎来美中关系走向平稳，但是在接下来的十年里，如何去解决这个问题，必须要做以下几件事情：

首先是全球、尤其是大国的首脑，一定要有坚定地维护和平的信念。这一点在任何情况下都不应改变。

第二，各国首脑应该坚定地认识到我们维护、加强发展现有的国际秩序，对于国际社会是唯一正确的选择，而且要为此采取坚定有力的行动。第一次世界大战和第二次世界大战是人类历史上的惨痛教训，最终各国通过自己的智慧建立了现在的国际秩序。当前人类并没有想到比之更好的国际规则，而且日本和中国均是现有国际秩序受益的国家，我们去维护并发展现有的国际秩序是必然选择。美国和欧洲也是上述国际秩序的创始者和推进者，但是现在对它的机制和规则产生了一些不满，而且发展中国家对此也有不满。我们已经进入了一个让所有国家都参与进来，共同推动现有国际秩序更好地发展与强化的时代。日本和中国应该携手合作引领这样的时代潮流，也应该与美国开展合作。拜登执政之后，美国有可能会积极地参与到这项工作之中，我们在这个领域共同合作，实际上对于美中关系的发展，一定会带来很好的效果。

第三，美中两国需要对对方的国家、社会、民众的思维方式、思考方式、决策方法进行研究，双方更好地了解彼此。我们来分析一下历史，实际上国家之间产生大规模的对立、纠纷、战争，很多情况之下都是因为对于对方国家的思路、想法、决策方式、国内政治情况等背景不甚了解，也就是所谓的沟通不畅以及误解、误判引发的。美国对中国的研究，中国对美国的研究仍然是不充分的，应该进一步深入和扩大包括研究人员之间的交流。

东京—北京论坛在过去几年里对全球动向十分关注，而且一直讨论日中两国在其中应该发挥什么样的作用，我们要更多地去思考日中两国能够为世界做些什么。美中关系的巨大变化使世界发生了巨大的变化，而且现在新冠疫情在全球范围内蔓延，全球的不确定性、不透明感进一步加深，美国又迎来了新的政权，我们应该以此为契机，为世界和平贡献我们的智慧。为了世界的发展，和美国交往是非常重要的。除了强化国际秩序外，还有环境以及防治控制传染病等问题，这些都是国际社会需要立刻加以解决的迫在眉睫的问题。日中美三国进行合作的领域非常多，通过这些合作能够扩大共同利益，加深相互理解，对于美中关系的发展是有益的，同时对世界也是有益的。

现在的美中关系，有一点实际上也可以用于描述日中关系，也就是缺乏互信。这使我们面临的问题很难得到解决。如果没有一定程度的互信关系，国家关系就不能向前发展。实际上对于美中两国来说，互信关系下降，我们必须要冷静客观地分析其原因。同时，要进行更多的对话，只有冷静地对话，才能减少对对方的不信任感，并且为解消这种不信任感发挥作用。习近平主席讲话时引用过一句中国古话，“反听之谓聪，内视之谓明，自胜之谓强”，也就是说倾听别人的意见，自己更多地去反省，而且要有自控的度量。我想这句话也应该说给特朗普总统听听。我们应该寻找一条解决之道，不让美中的对立进一步地加深，避免修昔底德陷阱的发生。当然，这主要是美中自己的事情，我想要想恢复两国的关系，控制好自己的焦虑和傲慢，美中两国为世界的发展进行合作，是十分重要的。日本也可以从各个角度提供诸多支持。因为日本对美中两国都比较了解，而且跟美中两国都有较为有效的沟通渠道，这样的国家为数不多，所以日本不应该袖手旁观，而应该主动地“多管闲事”，多在美中之间做撮合工作。

言论 NPO 和中国国际出版集团最近发表了日中舆论调查结果，中方没有什么变化，但是日方对中国的印象有恶化趋势，回答对中国印象不好的达到近 90%，虽然无需对舆论调查结果患得患失，但这个数据还是令人担心的。日中两国基础在于民众之间的关系，两国民众互相理解、互相信任十分重要。民众之间直接开展交流，亲身体验对方国家，才能促进相互理解，并带来互信。为此，我们需要开展更大领域范围之内的人文交流。为此，去年10月，我们成立了财团法人日本亚洲共同体文化合作机构，希望在日中之间率先做一些交流，最终扩大到整个亚洲地区。也希望东京—北京论坛能够提出积极建议，让两国民众相互理解得到进一步的加深。

第二章

相向而行　合作共赢

同舟共济，共创未来！

2007年12月28日

这次我访问中国的目的在于，进一步巩固自去年秋天以来，以强有力的步伐发展起来的日中关系的根基，并将这一关系提高到新的层次。日中关系除了和平友好之外别无其他选择，这一《日中和平友好条约》缔结理念，超越时间，作为日中友好的条件生生不息。自从缔结《日中和平友好条约》以来已经近30年的时间，日中两国在政治经济文化层面获得了世界主要国家的地位，两国在历史上从来没有像今天这样有力量能够为亚洲及世界的稳定与发展做出贡献。日中两国面临着前所未有的机遇，通过这一次访华，我要向所有的中国朋友表明坚定的信念：日中两国理应成为建设亚洲及世界美好未来的创造性伙伴。

当时我指出，而今的日中关系正在迎来第二个春天，因为，我已经在两国到处都能看得到期待构筑日中关系的萌芽，这次我的来访可以说是迎春之旅。战后，作为自由民主国家而获得新生的日本，一贯走和平国家的道路，并致力于同国际社会的合作，我觉得这是值得自豪的，但是我认为，在感觉这种自豪的同时还必须对自己的错误进行反省，以及带着顾及被害者感情的谦虚，只有认真地看待过去并且勇敢而明智地反省该反省之处，才能避免今后重蹈覆辙。

同时，在纵观日中漫长历史时，我们不应该忽略双方之间更加悠久的成果丰硕的交流，从历史性的邦交正常化以来两国关系伴随国际形势的风云变幻，也发生了巨大的变化，在此背景下，我们应该如何把握两国关系又应该如何去建设它呢？中国自1978年实行改革开放以来，大刀阔斧地改革国内制度，同时积极推进对外开放，并于2001年加入了世贸组织，目前已经成为GDP和贸易额分别名列世界第四和第三的国际经济中的主要成员。中国经济的飞跃发展，不仅给日本而且给亚洲及世界带来了很大的利益。在政治方面，中国更进一步提高了在国际社会当中的存在感和影响力，并就地区乃至世界的广泛课题给予关注采取行动并发言。我们比以往更多地向国际社会明确自己的主张，更为积极地开展国际合作，日中两国在各自的发展过程中，相互加强各种交流与合作，构筑起了比以往任何时候都更加紧密的关系。借用作为首相签署《日中和平友好条约》的家父的话来说，就是日中联合声明在两国之间架起了一座吊桥，而《日中和平友好条约》又使它变成了一座铁桥。那时候起，许许多多的两国国民走过这座日中之间的桥梁。如今每年双方的往来已经达到近500万人次，在经济方面，当前双边的年贸易额已经超过了2千亿美元，而且日本是最大的对华投资国。明年是日中青少年友好交流年，也是人们期盼的北京奥运会之年，我愿进一步促进日中交流的这一势头，使《日中和平友好条约》缔结30周年的2008年成为日中关系飞跃的元年。

另一方面，在时代大局之时，日中两国绝不能仅仅满足于相互友好的现状，正如大家也亲身感受到的那样，在当今日中两国已经成为影响变化显著的亚洲地区乃至世界的稳定与发展方向的存在，全世界都在关注和期待着我们。我认为，日中两国的未来不是选择合作还是对立的问题，而是如何寻求有效的负责任的方式开展和平的问题。从这个意义上来说，构筑战略互惠关系，恰恰是时代潮流对我们的要求。另一方面，两国之间仍然存在着有待克服的课题，在日中这样的两个大国之间，在所有问题上都取得一致的看法是不可能的，冷静的讨论和对待分歧是不可或缺的，然而事实上由于相互理解和相互信赖还不够深，无论在日本还是在中国，都有人曾经感到不满，为什么对方不理解我们的感情？必须指出，不顾日中关系的历史及其渊源，尤其是不顾我们所处的国际形势等缺乏大局的观念，以及感情用事都是非常危险的。针对这些课题，重要的是我们应当坦诚相见，加深相互理解，互相承认差异，了解对方的真实面貌。

战略互惠关系的第一个支柱是互利合作。中国的顺利发展是关系到日本发展的重要问题，本着这种观点，在过去 30 年里，日本一直对中国所致力的改革开放提供援助。另外，在中国加入世贸组织的问题上，日本政府很早就表示过了支持，那是因为日本国民坚信，支持中国推进改革开放的努力，不仅有利于中国的未来，而且是有利于日本乃至亚洲及世界的正确选择。2008 年是中国实行改革开放政策 30 周年，是值得纪念的年份，能在这样的一年举办北京奥运会，意味着中国已经进入了崭新发展阶段，具有象征性的意义，我对此表示衷心的祝贺，并且深切期待奥运会获得圆满成功！

在中国，正像日前中共十七大指出的那样，伴随着经济飞速的发展，一部分的负面问题也显示出来了，比如环境的恶化，沿海地区与内陆地区的差距扩大等。关于环境问题，日本在 20 世纪 70 年代有过惨痛的经历，在日本经济取得高速发展的过程中，发生了四大公害病，成为很大的社会问题。几乎同时，日本还遭遇石油危机，迫使国家认真采取节约能源的措施。日本社会被称为平等社会，但是随着全球化的进展，最近收入差距的问题也变得逐渐严重。为了应对这些问题，中国目前在贯彻科学发展观，在这个过程当中，对实现和谐社会的目标抱有坚定的信心，今后我们愿意在同中方协商的基础上，把合作重点从支援改革开放转到实现和谐社会方面，这样做将促进中国稳定，对作为朋友和邻邦的日本来说也是很可喜的事。在此方面，我认为尤其重要的领域是环保和节能的领域，关于日本所经历的公害对策等，我们愿意把成功的经验和失败的教训拿出来供中国参考。

目前，日本拥有国际先进水平的节能技术，我在今天的首脑会谈上提议，为了推动日中双方的环境合作，在中国国内建立起以信息传递及网络化为目的的日中环境信息平台以及节能环保合作咨询中心，并得到了中方的赞同。我们还准备用 3 年的时间，开展一万人规模的环保和节能方面的培训，邀请大批中国的专家和在一线工作的工作人员到日本分享我们的经验。此外，为了发展互利合作，必须加强对知识产权的保护，这决不是日中对立的课题，而是关系到两国发展的日中合作的课题，特别是为了保障经济的健康发展，维护民众的安全，在加强打击盗版方面，日中两国可以有效应对，让民众放心。为了担负在国际社会当中应有的责任和义务，需要官方和民间携起手来，发挥主体作用。目前，在北京召开了由日中相关部长出席的首次日中经济高层对话，双方在环境保护、知识产权保护以及贸易投资国际经济等领域开展了富有成效的合作，我希望在互利合作的精神下进一步推进此类对话，并深切地期待今后通过对话使日中之间的合作逐一具体落实。

第二个支柱是国际贡献。我们都知道，在无国界的时代里，人员、资金、信息一切都可以轻易地跨过国界，这不仅带来发展的机会，也带来金融、传染病等诸多的风险。

下面我讲一下气候变化问题，气候变化已成为国际社会最重要的课题，这也是关系到我们如何诚恳地对子孙后代负起责任的问题，在日中双方相互理解对方立场的前提下，两国应该作为负责任的主要国家，为解决问题而互相合作，尽最大的努力。

在考虑到东北亚的和平与安定时，最迫切的课题是有关朝鲜的问题。我们最近在朝鲜半岛无核化方面取得了一定的成绩，同时还要解决人质绑架和导弹问题，进而实现与朝鲜的关系正常化。我准备同作为六方会谈东道主的中国继续保持紧密合作，涉及到国际社会安全与和平的问题，还可以通过安理会。我希望日中一定要加强对话，通过合作推动改革向前发展。

当前，非洲仍然面临着非常严酷的现实，在撒哈拉以南的非洲地区，由于营养不良的原因，每千名儿童中就有166名在5岁前丧生，明年5月，为了讨论非洲开发战略及具体措施，以“欣欣向荣的非洲”为主题，日本将在横滨举办第四届非洲开发会议。据了解，中国也在开发广大非洲方面开始进行对话，为此我认为，如果日中两国能够携手开展救助贫困、帮助非洲持续发展的合作，那将是很有意义的事情，我希望一定能够实现。我衷心希望通过这些合作，使日中合作的美丽花朵开遍世界各地。

最后一个支柱也就是第三个支柱是相互理解和相互信赖。正因为我们是近邻，所以往往彼此因看到对方不理解自己而产生烦燥的心态，应该如何相互看待对方这一基本认识，也似乎在发生动摇。从日方来看，在很短的时间内取得长足发展的中国一下子显现在眼前，还没有做好心理准备，不知该怎样和中国交往。而中国同样也面对在国际社会上力求承担更大战略作用的日本，也有更加复杂的心态。人人都明白这个道理，但是实践起来却并非容易。

为增进相互理解，首先需要彼此之间进行频繁的交流，只有真正达到相互理解才能建立起相互信赖，我认为，为了促成对话、理解、信赖的良性循环，最有效的办法就是加强以下三方面的交流，一是青少年交流，二是知识交流，三是安全保障领域的交流。

特别重要的交流之一就是开始于去年的日中之间大规模的青少年交流项目，年轻一代正是未来的希望，明天的日中关系也要靠年轻一代来建设。政治、经济固然重要，但未来构筑长期稳定的日中关系，双方要从展望50年后甚至100年后的长远角度，着力培养能够加强相互理解、相互学习的人才。正如十年树木，百年树人，培养人才需要坚持长期的努力，访问日本的中国高中生回国的时候都异口同声地说，“日本并非想像的那样，发现了全新的日本”。他们通过耳闻目染以及亲身体会，消除了以往的成见和偏见，无疑增加了对日本的了解。访问过中国的日本高中生也是同样，他在回忆住宿过的中国家庭时这样说道：“通过非常愉快的家庭寄宿和学校交流，我感到中国高中生和日本高中生没有什么两样，大家是那样的友爱又是那样的活泼。等他们和我们都长大成人的时候，我想真正的世界和平就会到来了，我从心里感谢那些给予这次机会的人们。”日中之间推进知识交流也是非常重要的，我认为在日中两国的年轻学者之间，不仅就日中关系而且还就广泛的国际形势展开讨论有着重大的意义。也就是说，敏锐地察觉到世界动态和时代的变迁，从而把握日中关系发展的方向，需要具备这种视野，如果能通过日中合作培养出具备国际视野的有识之士，造就出大批有助于解决地区及国际社会的各种课题的人才，我相信日中两国就会成为世界上值得自豪的伙伴。

关于安全保障领域的交流，不久前，中国军舰首次访问了日本，这是一件对日中两国具有划时代意义的大事，令人感到非常高兴。2008年，将轮到日本防卫大臣访问中国，安全保障是立国之本，也是直接关系到两国国民感情的问题，也需要通过提高透明度把相互不信任消灭在萌芽之中，并培养起信赖的土壤，鉴于此，我认为有必要进一步促进日中对话的开展，促进广泛领域的相互理解，这一点是至关重要的。我坚信只要日中两国作为对国际社会负责任的大国，着眼世界大局，致力于国际贡献，就可以逾越立场的不同，构筑起相互理解和相互信赖，共创亚洲和世界的美好未来，从而成为富有创造性的伙伴。

通过日中进行的创造性实验，双方建立起为全世界所依赖的关系，当我们想到这些，心中就会充满希望。日中两国不应该相互挑剔各自的差异，而应该成为面向共同目标为世界而携手合作的真正的朋友。

虽然未来有坎坷，但是我认为越是在那样的时候，面对情绪化和狭隘的言论，我们政治家越是不能随波逐流，而必须适应世界的潮流和发展，把日中关系一步又一步扎实地向前推进。把日中两国联系在一起的不单是利益和利害关系，日中两国是具有悠久交流历史的邻邦，不但有相通的文化及传统，而且也有在交流过程当中形成的相互依靠的基础，比如说像日本的“明治维新”一词，就可以追溯到中国的古典。另外，今年“文化体育交流年”所开展的一系列交流活动，使双方产生了强烈的共鸣，也是因为两国有着共同基础的缘故。

追求人权、法制，民主主义的价值固然很重要，但是另一方面我认为，深深扎根于两国共同的基础和价值观同样重要。我怀着这样的心情以及期望两国国民更加珍视日中两国的愿望，还将访问中国的曲阜。鲁迅先生在他的作品《故乡》当中这样提到，希望，正如地上的路，其实地上本没有路，走的人多了，也便成了路。

让我们共同前进，共同开拓，共同缔造美好的未来！

亚洲的未来与日中两国的贡献

2010年8月30日

作为日中两国民间对话的一个重要渠道，东京—北京论坛受到了两国各界的高度评价。长期以来，该论坛切实致力于从民间层面改善日益错综复杂的两国关系，是一个值得敬佩的日中合作项目。

每次配合论坛实施的中日关系舆论调查已成为我们了解日中关系发展趋势的一项极其重要的资料。据我所知，媒体和学术界都会引用此项调查的数据，调查的精度也得到了各界的高度评价。

东京—北京论坛创办于2005年。当时，日中关系正处于一个困难的时期。

当时的我并不是内阁成员，但直至前一年，也就是2004年的5月，我担任内阁官房长官一职期间，如何引领日中关系的走向一直都是最重要的课题。

2006年10月安倍首相访华，两国确立“战略互惠关系”以后，日中关系才真正开始稳定下来。2007年12月底，在就任首相的3个月后，刚刚完成预算编制，我就立刻对中国进行了正式访问。当时，我最重视的是确定前一年提出的战略互惠关系的具体内容和方向。其中最大的主题是，如何让日中关系从动辄就会变得闭锁狭隘那种传统的、以双边关系为核心的视角，朝着更广泛的、为世界和亚洲地区做出贡献这一方向转变。我提出的战略互惠关系的内容大致如下。

首先是加强互惠合作，具体内容包括在气候变化和能源相关领域开展研修交流等活动、在知识产权领域开展合作，以及促进日本和美国对华出口等。第二是促进交流和相互理解。在安保交流方面，我们提出了派遣日本自卫队舰艇访华、促进中国人民解放军和日本自卫队之间的青年干部交流的方案。在民间交流领域，提出了 4 年内每年组织 4000 人规模的日中青少年交流、放宽中国旅行团赴日签证政策，以及在青岛开设总领事馆等方案。第三是在地区和国际社会上的合作。我恳请中方在朝核问题上加强合作，并在联合国安理会改革中给予合作等。第四是早日解决东海资源开发问题。目前，这其中虽仍有部分问题尚未解决，但几个重要的问题已经得到解决或正朝着积极方向发展。2008 年 6 月，日本的自卫队舰艇在中国某军港停靠访问，这是战后日本派遣访华的首艘海上自卫队舰艇。现在气候变化和能源相关的研修以及青少年交流项目都在持续展开，日本驻青岛总领事馆也已经开馆。在旅游方面，不仅放宽了团体签证，现在还进一步放宽了个人旅游签证。关于东海资源开发问题的谈判在停滞了一段时间后，最近也已经重新启动。

这些都是决定日中关系未来的重要事项，今后也应持续推进。特别是自卫队和人民解放军的防务交流以及东海问题，应该得到积极的处理，这些是影响两国民众相互印象的最重要的因素。

如上所述，日中关系正在不断向新的广度和深度发展，而我们要如何实现这些活动的制度化，如何将其有机地联动起来，还有最重要的是如何持续下去。答案是，“坚持就是力量”。

此次东京—北京论坛的相关调查结果显示，两国之间相互不信任的问题仍未得到根除。不过，尽管程度上有所不同，两国的相互印象确实在稳步改善。例如，关于今后的双边关系，40.6% 的日本受访者和 60.2% 的中国受访者认为两国关系“会变好”和“相对而言会变好”，均远高于认为两国关系“会变差”和“相对而言会变差”的比例（日本为 11.4%，中国为 5.1%）。这一结果非常令人感到振奋。我认为，正是因为政府和民间两个层面持续地实施具有大局观的积极举措，才逐渐催生出了这样的结果。

良好且稳定的日中关系符合日中两国的利益，也符合亚洲乃至世界的利益。今后，两国之间的关系或许还将经历许多风浪考验。到那样的时候，最重要的是两国领导人要做到无惧风浪，不被各自不稳定的民族情绪左右，坚定地朝前看，以坚强的政治意志克服困难。

世界现在正面临着一场经济危机。在过去一段时期内，世界经济的全球化引发了广泛热议。这是好事，但与此同时，认为自由竞争无所不能的论调也受到了过度吹捧。现在，自由竞争的局限性已经变得非常明显，美国和欧盟的经济都面临困难局面。从最近同时发生的日元上涨和股市下跌现象可以看出，日本的经济也陷入了困境。此外，如大家所知，日本的政治局势也仍然处于困难阶段，缺乏强有力的领导，无法实现民众期待的经济振兴。

相比之下，从已公开的数据来看，可以认为中国的经济运行较为平稳。当然，不难想象，内部应该也存在着很多问题，诸如贫富差距、房地产泡沫、自然灾害、就业和环境问题等。不过，就国内生产总值而言，中国今年肯定会超过日本成为世界第二大经济体，今后无疑也将作为一个经济增长的中心继续吸引全球的目光。

在这方面，我想简单介绍一些日本的经验。

20 世纪 80 年代末，日本经济增长达到顶峰的时期，出现了“Japan as number one”之类的说法，一些国家甚至将日本视作威胁。在此期间，国内明显弥漫着一种骄傲自满的情绪。这就是产生泡沫经济的背景。自 20 世纪 90 年代以来，在泡沫经济破灭近 20 年后，日本经济仍未完全恢复。这是日本历史上的一个教训。中国正在逐渐成长为一个大国，人们希望它成为一股不依靠军事力量、和平稳定且开放的国际力量。此外，正如美国和日本的情况一样，大国往往会在国际社会上受到各方非难。中国的情况也是如此，因此需要以公开透明的方式、易懂且委婉的语言向国际社会解释自身的主张和立场。我期待中国今后也能圆满地应对这些问题。

有鉴于此，我想就未来的日中关系提出以下 3 点具体建议。

首先，两国应该立足长远和大局，彼此在能够让步的地方发挥谦让精神。当然，在无法让步的地方也应坚持各自的主张。但如果我们只是各抒己见，就很难与对方达成共识。重要的是，我们要有共情能力，痛对方所痛，而不能相互伤害，在对方的伤口上撒盐。当今世界仍然存在冲突、战争和威胁，但通过协商的方式解决问题依然是大势所趋。

要想通过协商的方式解决问题，则需要有谦让精神，在此之上，还需要不断努力提升到可以实现相互尊重的双边关系。

第二，不应将日本和中国进行单纯比较。的确，中国今年的 GDP 将超过日本。但中国的国土面积是日本的 26 倍，人口是日本的 10 倍。不仅是政治制度，经济和社会体系及其运行方式也有很大不同。

在历史观和各种价值观方面，两国之间也存在很多差异。只是通过单纯的统计数据来比较日中两国，究竟有什么意义呢？在我看来，这只会刺激两国人民的情绪，激起更多煽动性言论。在这一点上，一个重要的思路是，日本和中国具体可以在什么领域进行怎样的合作，这正是战略互惠关系这一构想的出发点。

第三，我们应该扩大和深化像东京—北京论坛这样的非国家间、非政府间的联系。

诸如我前面提到的青少年交流项目，今后也应该继续开展下去。这虽然需要一定时间，但是这些青少年在年轻时留下的友好记忆一定会为将来发展两国友好关系打下基础。从现实来看，通过这些项目进行互访的两国年轻人谈到这些经历时纷纷表现出兴奋之情，认为那是非常美好的回忆，在自己心中留下了深刻印象。现阶段的交流已经显现出了良好的效果。

就国内生产总值而言，日本和中国的关系在今后一段时间内仍将是世界第二和第三大国的关系。这种格局大概还将持续一段时间。如果这两大经济体的关系持续倒退，不仅会对两国人民造成负面影响，也将是亚洲和世界的损失。在当前的经济危机中，日中两国应携手合作，尽可能地将这场危机引向改善的方向，这是历史和世界赋予的使命和责任，两国政府和人民都需要树立这种觉悟。

迎来“不惑之年”的日中关系

2012年6月23日

今年是日中邦交正常化40周年。在这40年里，许多曾站在这项伟大事业最前线的日中两国的前辈，现在或已退居二线，或已驾鹤西游。那些活跃在两国关系一线的面孔也在改变，新老更替，生生不息。

另一方面，在这40年中，担负着日中关系、中日关系的新一代继承者们，承袭了前辈们的崇高志向和无比热忱，继续为发展两国关系前赴后继。

在此期间，中国的国家政策也发生了重大变化，从自力更生到改革开放，两国关系大发展，涵盖了政治、经济、文化、学术和旅游等广泛领域。

在过去的40年里，日中贸易增长了340倍，人员往来增长了500多倍。友好城市已经发展到340多对。现在有近9万名中国青年在日本学习，据说已超过在美国学习的中国学生人数。我还听说，有许多中国人，尤其是年轻人，对日本的动漫等文化非常感兴趣。

另一方面，中国的电影、京剧等文化，在日本也很受欢迎。时至今日，京剧《孙悟空》依然在东京上演，且是一票难求。在学校里，汉语正在逐渐成为仅次于英语的“学生最想学习的外语”。

可以说，如今两国之间的关系已是“你中有我，我中有你”。

日中邦交正常化40年，按照孔子的话来说，日中、中日关系已经迎来了“不惑之年”。日本和中国皆心无迷惑，换言之，两国都不再有“知大局却拘小局”的情况发生。

然而，如大家所知道的那般，虽然两国之间的关系取得了上述巨大发展，但仍然存在一些无法称之为“不惑”的局面。即使是现在，日中关系仍时常经历风浪考验。

在邦交正常化40周年之际，我想再次提醒我们自己，回忆一下40年前，日中两国前辈们克服种种困难，实现邦交正常化的出发点是什么。同时我们也要回忆起，在那之后，当两国关系再次面临挑战，是我们的前辈们重新回到“邦交正常化”这一出发点，以智慧和勇气克服了种种困难。

那么，日中、中日邦交正常化的出发点是什么呢？我认为：日本与中国，这两个世界大国保持和不断发展稳定良好的友好合作关系符合两国利益，也是对亚洲乃至世界和平与发展做出的巨大贡献。这就是为什么国际社会，特别是亚洲各国极力支持两国关系、祝福日中友好的原因了。

周恩来总理经常讲到“求大同，存小异”，把它作为巧妙处理两国关系的关键词。它意味着中国和日本虽然拥有不同的国家制度、社会结构、历史和文化，两国人民的思维方式也不同，但两国不应被这些“小异”所影响，而应跨越“小异”，成就“大同”。换言之，我们希望将“日中友好”和“日中合作”视为最高目标，并予以重视。

“小异”决不能动摇“大同”。要避免这种情况，最重要的是不能屈服于冲击两国关系的大小风浪——也就是所谓的迎合大众、民粹主义——而是要以坚定的政治意志和领导力来维护和发展日中之间、中日之间稳定而良好的关系。

日中之间有交流有探讨是很好的，但是我们首先应该把双方的步调调整一致，在此基础上还要避免粗暴的言辞，堂堂正正展开讨论。这是我们自身所需要具备的素质。

日中两国一衣带水，有着深厚的地理、历史、社会、文化、经济和政治联系。另一方面，两国在政治制度和经济条件方面存在差异，双方关系不可避免地经常面临一些波折。尽管如此，两国在反复确认并不断努力，确保个别问题不影响双边关系的总体发展，从大局观出发深化“战略互惠关系”。今后我们更应思考这些重要意义，进而不断强化两国关系。

正如人们常说的，当下的世界正处于全球化进程之中。人员、货物和资金轻松跨越国界，信息转瞬间便能传遍世界的各个角落。这个“无国界化时代”为我们提供了新的发展与合作机会，但同时也带来了各种负面因素。

我想向大家介绍日本著名诗人相田光男的一首诗。日本和中国，乃至整个东亚未来将何去何从？我想，这首诗或许能给予我们一个很大的启发。

相争则不足，相合则有余
相争则纷争，相合则太平
相争则憎恶，相合则欢喜
相争则不满，相合则感激
相争则战争，相合则和平
相争则地狱，相合则极乐

日本在四川汶川地震时给予中国的友情援助，和中国在东日本大地震时给予日本的温情支持，已成为流淌在日本人民和中国人民之间的一股强大的暖流。我们将以两国人民之间的友好关系为基石，进一步发展双边关系，为了处于重大历史机遇中的亚洲的发展与繁荣，携手并进，勠力同行。

我坚信，日中两国通过培养睦邻友好关系，为亚洲乃至世界的和平、安定与繁荣做出贡献，这是我们应该遵循的历史潮流，任何人都无法阻挡。

回避危机与环境保护

2016 年 9 月 27 日

现在日中两国关系仍然处于我们不得不给予重大关切的状态。前不久，在杭州召开 G20 集团领导人峰会的时候，安倍首相和习近平主席进行了首脑会谈。我也总算放了心，可以说日中关系有了一些好转的势头。目前的日中关系如果没有两国领导人明确的承诺，很难往前推进，这就是实际情况。

根据言论 NPO 与中国国际出版集团联合举行的民调结果，两国国民对彼此国家的好感度虽然有所上升，但是上升幅度很小，日本方面反而更加恶化。因此，两国领导人应该明确表明向前推进日中关系的决心，而且需要直接带领推动两国关系的发展。

令人高兴的是，这次两国领导人就改善发展双方关系达成了共识。希望两国有识之士，充分提出具体的建议，来实现两国领导人的共识内容。为更有效发挥有识之士的智慧，希望两国领导人创造良好的环境，也就是创造较安静的环境，这样能够使国民做出冷静的判断。

为此，最重要的是不使现状进一步恶化，不过多刺激对方，不发生使对方不得不采取对抗措施的情况。也就是说，要维持现状、互相克制。这并不意味着自己懦弱才克制，而是因为贤明才克制；这并不意味着放弃自己的立场、承认对方的立场，而是留待后代子孙去解决，确保解决问题的宝贵时间。因此，重点不一定在解决问题上，而应该放在规避当前危机和完善管理上。两国领导人同意尽快建立危机管控机制，我认为这是非常正确的第一步。为此，两国有识之士应该集思广益，尽快实现两国领导人达成的共识。

还有重要的一点是，通过具体的合作交流，让更多人了解到日中两国有着互惠互补的关系。我希望两国国民了解到友好关系对自己的国家，还有对对方的国家都是非常有用的，两国需要创造亲近感和信赖感。我认为安倍首相与习近平主席讨论的五个合作领域和三个共同课题是非常积极的建议。通过具体事务的合作，可以加深对两国稳定合作关系的必要性理解，而且可以推进双方关系。明年是日中邦交正常化 45 周年，后年是《日中和平友好条约》缔结 40 周年，应该把握这些重要的契机。我们应该做好准备工作，推进两国关系的发展。

推进日中关系，重要的是对于两国关系的思考。站在世界的高度作出大局判断，从历史的角度看待事情必不可少，同时还需要开阔的视野。我本人长期以来关注罗马俱乐部的各项建议，罗马俱乐部 1972 年发表的、至今已有 40 多年的研究报告——《增长的极限》提到，经济增长不可能无限持续下去，否则人类对地球和自然产生的破坏，将会超过地球能够承受的极限，给世界带来巨大冲击。我对其阐述深表认同。

换一个话题，有位出生于英国、后来到美国的历史学家，叫莫里斯。他写了一本名为《西方将主宰多久》的著作，对东方和西方的文明作了比较。他写道，在长达 5 万年的人类历史当中，气候变化、饥荒、国家灭亡、移民和疾病这五大问题同时出现的时候，人类社会就会衰退。其中的移民问题，大家知道人口流动，最近在欧洲出现的情况令人堪忧。瘟疫或者疾病，到目前为止，应该说比较好地得到了有效控制，但是现在的医药技术难以防控的病菌和新型疾病疫情有可能会随时出现。今天个别地方仍然面临着饥荒，假如全球人口持续增长，我们则需要扩大农业生产，那么会破坏自然环境，也会消耗更多的资源，这有可能引发气候变化。从长达 5 万年的时间跨度来说，气候变化也是因为地球自转轴的倾斜偏移而造成的一种变化。今天我们所说的气候变化，主要是因为二氧化碳排放量剧增导致的全球变暖，这是人类自身活动造成的后果。比如，北极和南极的冰山融化导致海面上升，那么长期封存在西伯利亚冻土中的大量甲烷气体也会不断涌现到大气中。我们看到了人类从未经历过的自然界的巨大威胁。去年 12 月举行的《联合国气候变化框架公约》第 21 次缔约方会议达成了《巴黎协定》，这是控制温室气体排放量的协定。其中，美国和中国做出的积极贡献特别值得称道。占全球二氧化碳总排放量 40% 多的美国和中国，都做出了与本国责任相称的重要贡献，我对此表示赞赏。但我想，日中两国应该从全球性观点出发，在全球变暖以及环境、节能等广泛领域加强合作。两国要携手开发和发展相关的技术和方法，从而解决日中两国所面临的问题，也为问题的解决发挥作用。所以我建议，东京—北京论坛也要站在这样的高度，建立集中解决环境问题的长效机制。

我的父亲福田赳夫 40 多年前曾在菲律宾马尼拉做过一个演讲。在演讲中他提到了这样的话，我想借此机会引述几段。他说，在历史上，经济大国往往也是军事大国，但是我国现在已经提出史无前例的理想，用信任各国人民的公正和信义来维护本国的安全和生存。我国已下定决心不做军事大国，即便我们具有制造核武器的经济技术能力。今天，我国不但不会威胁任何近邻国家，也不会以任何形势威胁他国。今天人们生活在只有彼此协作才能生存的时代，同样，在相互依存度越来越高的国际社会里，任何一个国家都不会靠一己之力来维系生存。所有国家都必须在国际社会当中互相帮助，互为补充，分担责任，在努力使世界变得更好的同时，谋求本国的繁荣。这就是目前国际社会中我国应该遵循的方向。这是我父亲当时说的几句话，我想，他所说的道理在今天仍然适用。我认为，营造一种国际环境来贯彻这一思路，更是我们的责任和义务。今天，中国在经济以及军事方面已经成为世界大国，我希望中国朋友们也能够领略和支持这一思路。我也相信，各位一定能够支持这个思路。日本和中国如果能够共享这种基本思路的话，必将有利于东北亚地区的和平稳定，也必将能为本地区带来友谊、友好。

走向共鸣、共创、共同繁荣

2018 年 6 月 24 日

近年来，中国不断巩固其在经济和政治领域的国际地位，这让我再次切身感受到，波谲云诡的世界形势正处于重大变革期。

经济方面，日中韩三国今年的经济规模总和超过美国已是不争事实，而对此做出巨大贡献的，正是中国令人瞩目的经济发展。

仅从这一点看，我们东亚已与欧美并驾齐驱，成为世界经济发展和全球秩序构建的强大支柱，当今世界已进入由东亚引领的时代。

我们年轻的时候，人们常用“雁行形态”形容东亚的经济发展：一群大雁在空中列队飞翔，日本在队首领航，后面跟着韩国、新加坡，中国和东盟各国则紧随其后。

但是近年来，中国从雁群中脱颖而出，一飞当先，其他大雁也飞出了原有阵型，开始自由翱翔。

我任日本首相期间，访问中国某地，当时应邀题词，写下了日中关系进入“共创”（共同创造）时代的字句。意思是东亚各国，特别是日中两国要在经济、科学和技术等领域，认清彼此优势和弱势，增进相互了解，取其长处，共同努力，谋求更大发展。

如果能做到这些，那么日中两国在科学领域将会携手开展更多研究。再加上韩国，我们三个国家可以更积极地开展知识交流合作。

拓展到东亚，贯穿日中韩、东盟等东亚各国经济发展的理念口号可以表述为“共鸣、共创、共同繁荣”，或者叫做“相互合作”。换言之，认识到彼此的强项和不足，在此基础上相互激发（共鸣），互通有无，相互合作，努力向更高处迈进（共创），最终构建一个共同繁荣的世界。

然而在东亚地区，仅以日中关系为例，有时会因“政治问题”阻碍而未必能达成这一愿景。但是，日中两国间的议题远不只如此。比如大家经常提到的环境能源问题，在东亚经济基础设施建设方面的合作，就应对老龄化问题交换意见并贡献亚洲智慧，以及近期热点话题之一的朝鲜半岛问题的解决等等。解决朝鲜半岛问题要从相互合作和互惠角度考虑。我认为，日中两国是时候齐心聚力了。

可喜的是，近年来，中国环境明显改善。但让人遗憾的是，在改善中国乃至东亚自然环境方面，我们没有看到两国展现出大规模合作以及国际化合作的姿态。

毋庸置疑，日本和中国都是世界大国。围绕两国关系，贸易、投资等狭义上的日中合作固然重要，也希望两国能够拓宽视野，放眼全球，互相敞开心扉，从亚洲和世界的高度出发，审视两国关系，推进多领域合作。

面对近年来动荡不安、越发混沌的世界形势，我希望世界的稳定力量逐渐壮大。我常想，在这方面日中两国能否更加凝心聚力。

为增进日中国民相互理解，我们应该怎么做？我想在东亚建立一个文化交流平台，以实现不同人士之间的“共创”目标。这里所说的“文化”不仅包括音乐、绘画、书法等艺术文化，还涵盖体育、饮食文化、动画以及学术、技术、企业经营等多领域，是促进相关人士自由交流、创造性交流的机制。我相信，通过这些活动，大家能够增进理解、建立信任、相互尊敬、和睦相处，创造新的价值，形成感情纽带。

保卫国家需要硬件储备，即战斗机、战舰乃至导弹等，但在对外关系中，比硬件更重要的，是我们与其他国家，特别是与邻国之间的信任，以及各国在经济、应对自然灾害、社会保障等方面的各项政策。还有将这些政策付诸实施的政治体制和稳定的政治环境，也就是所谓的“综合安全保障”。我认为这点更重要。

我认为习近平主席提出的构建人类命运共同体的理念，包含着实现东亚稳定的重要方针。我坚信，这个不对任何国家构成威胁、永远不称霸、永远不搞扩张的具体方针，将与构建以公平正义、互惠合作为核心的新型国际关系相辅相成，成为本地区实现共鸣、共创、共同繁荣的动力。

日中“同行”时代的到来

2018年12月5日

约40年前，邓小平先生访问日本，我亲眼目睹了他与时任日本首相的我的父亲福田赳夫紧紧拥抱的场面。看着邓先生和父亲，我仿佛看到了一个已被期许百年，即将开启新时代的瞬间。

那时中国经济还处于起步阶段，经济规模不到日本的百分之一。40年后，中国已经发展出了3个日本，经济总量达到日本的3倍。或许人们会想，这仅仅是40个年头，而我认为这是发生天翻地覆变化，意义重大的40年。

去年是日中恢复邦交正常化45周年，今年是两国缔结和平友好条约40周年。在这两个节点之年中，两国政府及众多民间人士怀揣要推动两国关系重回正轨的信念，如今两国关系终于呈现出积极向前的发展成果。特别是从去年开始，我更加切身地感到中国对日本的关注度不断提升。这两年中我多次访问中国，每次都感受到了与此前不同的氛围。此前访问中国时，中国著名高校之一的上海交通大学开设了日本研究中心，我出席了中心启动仪式。成立这样的新机构，会让人感到中国对日本的关注增强，相互理解得到深入，愿景变成行动，对此我深有感慨。

日中关系在这40年中也发生了巨大变化。中国成为当今世界第二经济大国。成为经济大国，并不仅仅意味着国家的经济体量变大了，更意味着必须要有一个大国的样子，要以与大国身份相符的行动和责任立于世界之林。

我感到从去年开始，可以看到中国在对外活动方面更为关注他国感受和他国的舆论，有意识地开展工作。日本一些媒体至今仍然把中国写成扩张主义、霸权主义的国家，事实上并非如此。我感受到的是中国行事极其慎重且低调。如此可以预见，世界对中国的看法，与中国的交往方式和关系将会较目前有所改变，这样的时代即将到来。

我们必须对中国今后有怎样的想法、将采取怎样的行动给予关注。如果日本也希望中国在世界上的举动恰如其分的话，日本应该对中国坦诚相见，阐述日本的想法。

交换意见的基础是信任。没有信任做前提，时而诽谤，时而恶语中伤，这样的交换意见不能成立。今后日本与中国之间能够在信任关系的基础上交换意见，这是我所期望的，而这样的关系不正是保持两国关系稳定，政治关系发展的基础性条件吗？

日中政治稳定不仅是两国之间的事。经济发展没有政治稳定无从谈起，政治运营极其重要。处于东亚的日中两国如果形成合力，周边的东南亚以及整个亚洲都会以日中为中心建立起良好的关系，这无疑对区域整体有益。进而从这个角度来讲，日中两国的政治稳定，完全可能对于区域，乃至世界整体带来积极影响。

是不幸还是万幸，我们感到了世界局势的不安定因素年年增加。如此动荡的国际形势之中，日中关系的稳定比什么都重要。从这个意义上讲，今后两国关系将更加受到世界的重视。如果两国首脑和民众都具有“日中关系稳定并不断向前发展至关重要”的意识，两国的稳定关系便有望实现。不仅是首脑之间，民众之间也真心希望两国关系稳定而互动交往的话，一个和平安定的区域形象将展现于世界，我认为这就会给世界整体带来好的影响。

如今的日中两国占有世界经济总量的20%。日中韩加上东盟国家，如果得以稳定发展，相信五年后将占到世界经济的30%以上。不能忘记的还有美国。现在，日美中三国的经济总量达到世界的40%，再算上澳洲和韩国，几年之后就会超过世界总量的一半。这一区域引领世界经济，其根本在于日中关系。这正是我所认为的两国关系的重要意义之所在。

在如此大格局下思考，从怎样的角度下功夫使日中关系得以顺利发展，我认为两国民众广泛交流和相互理解作为前提尤为重要。因此，我对文化界人士同样充满期待，希望通过文化创造出广泛的民众间交往的机会。中国改革开放40年，亦是日中经贸合作的40年，日中广泛交流的40年。这是一个宏大的题目，昭示着我们必须朝着构筑两国民众广泛关联的时代迈进，两国将迎来“同行”时代。

以“相互帮助”与“相互理解”重塑日中关系

2018 年 8 月

1972 年日中实现邦交正常化后，很遗憾两国并未马上形成缔结和平友好条约的潮流。邦交正常化意味着日中结束战争状态，恢复外交关系，但是为推动人员往来和双边贸易等交流合作，两国须在缔结和平条约的基础之上，进行磋商探讨。

用福田赳夫的话说，我们要把“吊桥”改建为“铁桥”。通过日中邦交正常化，两国搭好了“吊桥”，彼此拥有了交流的渠道。但是“吊桥”只有少数人能够通行，唯有通过缔结和平条约将“吊桥”升级为“铁桥”，人员与物资等所有层面的交流方能全面活跃起来。当时日本和中国均考虑到与苏联的外交关系等因素，和平条约缔结谈判迟迟未能取得进展，但是双方缔结和平条约的意愿十分强烈。1978 年 8 月，园田直外务大臣前往北京，并在《日中和平友好条约》上签字。

当时中国正面临着通过改革开放发展经济的课题。为此，中国决定在日中之间架起“铁桥”，开启各领域的交流。中国决心在改革开放的体制之下与世界开展各种交流、贸易往来。邓小平先生以及中国高层在做出这一决断的过程中发挥了巨大的作用。

1978 年 10 月，邓小平先生访日，出席两国政府互换《日中和平友好条约》批准书仪式，自此和平友好条约正式生效。当时福田赳夫首相在与邓小平先生的会谈中承诺：日本将为中国的经济发展提供全面合作。

互换批准书仪式之后，邓小平先生分别走访了东京、大阪、名古屋等地，积极地与经济界人士会面。中国能有今日之发展，很大程度上归功于当时邓小平先生的运筹帷幄。

我出任首相时，与胡锦涛先生持续着非常良好的对话。2007 年 12 月末与胡锦涛先生会谈时，关于中国社会、产业的现状，我坦率地表达了我的意见，就环境保护问题，我们进行了有益的探讨。

解决环保问题的根本在于提高能源利用的效率。我与胡锦涛先生约定，日本将提供改善能源利用率的经验技术，建立几处环境改善的试点。作为日中两国合作的集大成，2008 年 G8 洞爷湖峰会上，中国承诺就环境改善课题与国际社会合作。我与胡锦涛主席缔结了日中第四个政治文件，向世人展现了日中合作为国际社会做贡献的面貌。

此次李克强总理访日是双方首脑在均有改善两国关系的意愿之下促成的。我认为，两国首脑通过坦诚交换看法，意识到彼此拥有共识，这实属难能可贵。

日中关系恶化将使周边各国担忧，并有可能将担忧扩散到世界范围。如此一来，亚洲地区的稳定将不复存在，两国关系将成为世界的隐患。因此，日中两国必须长久保持互惠关系。两国有责任让周边各国共同分享日中关系稳定带来的实惠。当今世界从经济规模排序的话，美中日位列前三位。其中，日本和中国同属亚洲。我们必须认识到这具有非常重大的意义。

世界上既有富足的国家，也有孩子们穷得吃了上顿没下顿的贫穷国家。贫困是引发纷争与战争的原因。消除贫困，我们责无旁贷。如今，非洲各国依靠中国援非项目收入水平提高，民众生活安定。我乐见中国将此类经验与影响推广到世界范围。我们应摈弃“独善其身”的想法，分担艰难困苦，合力创造一个更好的世界。我想这便是人类命运共同体理念的内涵。

习近平主席旗帜鲜明，以全人类为目标呼吁共筑人类命运共同体。这说明中国已经具备将此理念推广至世界范围的实力。按我的理解，人类命运共同体理念与“一带一路”构想是互为表里的。“一带一路”不仅仅属于中国，通过“一带一路”我们有了一个目标：将欧亚大陆建成国与国之间稳定构建良好关系的地区。

我听说侵华日军南京大屠杀遇难同胞纪念馆以基于事实的记录为中心更新了出展内容，一直想着要去那走走看看。实际参观过后，我看到馆内展出了许多战争悲惨事件的记录。我认为那里是后人们认清、理解、记忆事实真相的地方。基于事实的展品对于日本人而言并没有异样的感觉。侵华日军南京大屠杀遇难同胞纪念馆的存在有利于我们日本人谦虚地接受真相，坚定永远不再发动战争的信念。

在全球化的当下，我期待亚洲能成为局势稳定的地区。东盟正在发展壮大，日中维持关系稳定，促进地区发展将是两国被赋予的重大责任。中国是拥有 14 亿人口的大国，经济规模约为日本的 3 倍。更进一步说，今年日中韩三国的经济规模总和将达到超过美国的水平，今后还将进一步扩大。考虑到这一点，我认为我们正肩负着对世界的责任，因此写下了“和平东亚”四个字。

我认为日中两国如今正处于相互帮助的关系中。两国若能互补不足，那么两国将形成互相依存的关系。我认为这是两国今后应努力的方向。

此外国与国之间能否友好相处，取决于国民之间是否能理解对方。幸好两国之间在文化层面存在许多共通之处，将有许多交流机会。我认为通过音乐、文学、美术、艺术等传统文化，还有动漫等流行文化，开展大范围的国民交流，对于加深相互理解将是既有效又有意义的途径。我希望今后两国能通过这些文化交流，推动国民间相互理解。

新时代的日中合作

2019 年 12 月 9 日

日本的对华经济援助始于 1979 年 12 月，今天恰逢第 40 个年头。置身清华大学，能与肩负着中国未来的诸位交流，我感到非常欣喜。清华大学是中国最高学府之一，近年来在世界大学排名中被评为亚洲第一，其教育水平在国际上也获得了很高评价。2017 年，我曾因某种机缘就任了清华大学日本研究中心特别顾问。此后收到了数次访问邀请，但不巧总有其他安排，一直未能成行。今天终于有幸来访，领略了美丽而宽阔的清华校园。

此次清华大学和日本国际协力机构（JICA）共同举办“日中经济技术合作 40 周年轨迹与成果”图片展，实属可喜可贺。我想借此机会，与在座各位中国未来的建设者谈一谈日本和中国的关系，特别是深化对中国经济发展和对日合作关系的理解，以及未来日中关系的理想状态等。

近期的日中关系

去年，随着日中首脑实现互访，两国关系回到了正常轨道。今年 6 月，习近平主席出席日本担任主席国的 G20 大阪峰会。当时，安倍首相与习主席围绕多个领域广泛交流意见。

不久前，日本德仁天皇即位典礼之际，中国国家主席习近平特使、国家副主席王岐山出席典礼并访问日本。此外，日方在东盟与中日韩领导人会议期间与李克强总理举行的日中首脑会谈、王毅国务委员兼外长的访日等，两国之间的高层往来不断。我曾多次访问过中国，我认为，在两国各界的努力下，日中关系正在稳步向前迈进。

与中国的缘分

2007 年，我就任内阁总理大臣，并于当年 12 月访问北京，与当时的国家主席胡锦涛和国务院总理温家宝举行了会谈。我们进行了极具建设性的对话，取得了富有意义的成果。

我卸任日本首相后，也一直和中国保持着联系。2010 年，我就任博鳌亚洲论坛理事长，直至去年卸任，前后一共 8 年。现在，我仍担任该论坛的咨询委员会主席。我在中国有很多朋友，每年都会访华好几次，而且还有不少中国人士赴日访问，几乎每周都和他们见面。

改革开放决定中国未来的那一瞬间

1978 年，中国实行改革开放，积极推进国内制度的大胆改革和对外开放。如今，中国已发展成为世界第二大经济体，在世界经济中发挥着巨大影响力。

1978 年 10 月，《日中和平友好条约》批准书互换仪式在东京的日本首相官邸举行，这成为推动中国发展的契机之一。仪式结束后，福田赳夫首相和邓小平先生满面笑容，相拥共庆。那场景令我至今难忘。在这历史性的瞬间之后，邓小平先生就立刻付诸了行动。

傅高义曾说，在日中两国 2000 年的交往历史中，邓小平先生是第一个踏上日本国土的中国领导人。事实上，邓小平的行动力和决断力决定了中国的未来，这次访日是让中国成为今日之中国的一大历史事件，也决定了中国后来的命运。第二年（1979 年）大平首相访华，在改革开放的浩荡浪潮中确定的前进方向，便以日中经济技术合作的形式，通过官民联合的方式迅速得到了落实。

下面我要介绍邓小平访日期间的两个小故事，而这两件事也成为他当时做出如此重大决断的背景原因。

和平友好条约生效的第二天，邓小平就马上访问了位于东京近郊千叶县的新日本制铁（现在的日本制铁）公司的君津工厂。

当时工厂刚刚竣工，是该公司引以为豪的最新式自动化设备工厂。一进入工厂，邓小平就问：“今天工厂休息吗？”其实该工厂当天也是在运转的，但因为完全采用自动化设备，所以工厂里工作的人并不多，让邓小平误以为是休息日。

新日本制铁的稻山董事长、斋藤社长在工厂接待了邓小平，并细致说明了制铁工厂的内部情况。离开工厂时，邓小平问道：“能不能在中国建造一个同样的工厂？”他提出，希望日方也能帮中国建造一个最新的、世界领先的先进工厂。对此，日方立即召开董事会进行讨论，并于第二天回复了邓小平。邓小平希望建一个“同样的工厂”，而稻山董事长的回答却是“要建一个更好的工厂”。

之后，邓小平结束了在横滨和名古屋工厂的考察，最后在位于大阪的家用电器制造企业松下电器产业株式会社（现在的 Panasonic）总部会见了松下幸之助董事长。听完各种说明后，邓小平对松下董事长说：“我们也想做同样的事，希望能教教我们。”一旁的公司董事们吃了一惊，并反对说：“如果那样做了，我们公司就会倒闭。”但松下董事长不为所动地说，“没问题，邻居变强大了是好事”，欣然接受了邓小平的要求。

毋庸置疑，这两个具有象征意义的故事表明，邓小平坚定了决心，实行改革开放的道路已经开启。我认为，条约的正式生效和邓小平与日本经济界人士的问答，让此后展开的日中经济合作有了明确方向，对中国未来发展的坚定自信也由此而生。

JICA 的活动内容

合作的初期阶段以基础设施建设为主，特别是当时中国能源消费大多依靠煤炭，连接山西省等内陆煤炭生产地和沿海煤炭消费地的铁路和港口建设对经济增长至关重要。日本也使用中国出口的煤炭，从中得到了实惠。

在基础设施领域，我们还开展了其他许多合作，着手实施了诸多项目。在与民众生活息息相关的医疗领域也推进了日中合作。

不知大家是否听说过中日友好医院。作为无偿资金援助项目之一，中日友好医院自 1981 年起历时 3 年建成，1984 年正式运营。当时我也去医院参观过。此后，两国继续保持合作，中方也加入进来。听说该医院现在已经成为中国国内最高水平的医院之一，深受大众认可。

2003 年，中日友好医院又成为收治非典肺炎患者的专病医院，日本派来的专家和中方专家共同合作，采取了相关防疫措施，避免院内交差感染。此外，医院还修建了康复中心，支持培养康复人才，帮助因交通事故或工伤造成残疾的人士改善身体机能。

此外，在中国根除小儿麻痹症也是日中合作的一大成果。小儿麻痹症是一种幼儿多发的病毒性传染病，发病后下肢会瘫痪，严重时甚至会导致死亡。1989 年，小儿麻痹症在中国部分地区肆虐，一批有经验的日本医生作为 JICA 专家被派往中国。日方专家和中方专家一同深入小儿麻痹症流行地区的村庄，对患病儿童进行诊疗，并与中方持续开展合作行动，在全国各地推广接种小儿麻痹症疫苗。经过日中两国的合作，2000 年，中国宣布已彻底消灭小儿麻痹症。至此，整个西太平洋地区的小儿麻痹症都得到了成功根除。

进入20世纪90年代，随着中国的经济发展，大气污染和水质恶化等环境问题越发凸显。在此背景下，从90年代到现在，日方始终保持积极合作态度，如帮助中国完善上下水管网系统、合作建设北京第九水厂和北京市污水处理厂、帮助建设日中友好环境保护中心等，同时也在中国的环境政策、制度和组织建设，以及人才培养等方面提供着帮助。近年来，我们还致力于共同举办日中环境高级别圆桌对话会。

此外，在林业领域，日中合作也是硕果累累。40年前，中国的森林覆盖率一直在12%左右徘徊，为协助中国实施政府出台的森林植被恢复政策，日本实施了造林技术开发、育种和木材利用等合作研究、人才培养等13个技术合作项目，为扩大森林面积做出了巨大贡献。2010—2015年，中国成为世界上森林面积增长最多的国家，森林覆盖率也上升到22.6%。

进入本世纪以来，日本帮助中国国内的198所大学建设校舍、完善设施设备等，并为中国教职人员提供赴日研修机会。此外，还就传染病防治和老龄化对策等两国的共同课题展开了合作。

奉献精神

在日本，人们常说："人的价值取决于为社会、为人类做出了多少贡献，贡献多的人就是一流的人。"国家也是如此。为自己的国家做贡献是理所当然的事，关键是在此基础上我们还能为国际社会做出多少贡献。只有达到那个境界，才是一流国家。

习近平主席也说过，人类是命运共同体。其含义就是单独的个体无法生存。朋友越多，我们就越安心、越安稳，大家都会幸福。国际社会也是如此。特别是在当今这种全球化的时代，这种基本理念是必不可少的。北宋思想家张载的《横渠语录》中有下面这样一句话，意思就是要贡献和奉献。

“为天地立心，为生民立命”。

新时代的日中合作

去年 10 月，安倍首相访问中国并与习近平主席举行了会谈，双方达成一致意见，决定于 2018 年结束对华 ODA 援助，今后将推进发展领域的对话和人才交流等新层面的合作。我认为，日中两国有责任共同维护地区和国际社会的和平稳定与繁荣，这才是两国迎接“日中新时代”的应有姿态。

在各个项目中，JICA 始终在日中政府间的经济技术合作方面扮演着核心角色，也有很多 JICA 相关人员和中方人员一起活跃在最前线。弄清对方国家的实际情况，认真听取来自一线的意见，在此条件下制定最优计划并付诸实施。虽然重复这种细致而专业的工作可能会花费一些时间，但我相信这些工作会对各位产生帮助，今后也会带来有益成果。

今后，加强交流和相互理解是日中两国间的一项重要工作。为了促进相互理解，双方之间需要积极交流，有了相互理解，就会产生相互信任。上个月末，我在日本与王毅外长见面时，王外长也提到了人员交流和文化交流的重要性。

在构建新时代的过程中，诸位这样的年轻人才才是未来的希望。我的母校早稻田大学和清华大学于 1996 年签订了学术交流协定，开展了交换留学等交流活动，听闻此事我甚是欣喜。本人衷心希望日中两国年轻人之间的交流能够更加活跃，以便彼此了解并建立信任关系，今后我也将一如既往地继续宣传这种交流的重要性。

今天，我向肩负着中国未来的在座各位阐述了本人关于中国经济发展和日中关系的一些看法。祝愿两国在各个领域的交流与合作能够更上一层楼，日中两国能够开创一个全新的时代。

以日中合作之光照亮当今世界的前途

2020 年 10 月 27 日

目前，新冠疫情仍在世界各地蔓延，但中国的疫情几乎完全得到了遏制。在此，首先我要向贵国及所有相关人员的努力表达诚挚的敬意。研发疫苗、维持生活基本条件和推动经济复苏等各种与新冠病毒的斗争仍将持续，在此我也想为所有全力以赴、为之努力的人们加油鼓劲。

新冠疫情在全球蔓延以来，人员和货物的流动受到了严重限制，给人类带来了诸多挑战。近段时间，人们还开发出了“网上酒会”等利用数字技术的新型社交互动手段，这些事物甚至逐渐被接纳为一种“理所当然”的社会习惯。

打破疫情的制约，利用数字技术让今天这样的跨国学术交流成为可能——在对这样的人类社会表达敬意的同时，我也感到一个崭新的时代已经到来。

现在，中国和美国之间有一些需要解决的重大问题。而且我们已经到了一个必须思考的阶段。如何与美中两国，以及其他国家相互协调，共同建立一个更加稳定的国际社会？我们需要思考旨在构建这种合作关系的讨论主题、框架和机构设置等问题。

本次论坛设置的包括环境问题、少子老龄化、社会保障和贫富差距等问题在内的“社会发展”主题，也是世界上许多国家共同面临的问题，希望大家可以携手合作应对。

国际社会当前的问题是如何克服这些困难，战胜新冠这一人类未曾经历过的空前挑战，并建立新的国际经济和社会秩序。“创新”和“数字技术”都是当今的主题，想必它们也将在解决这些问题方面发挥重要作用。

我想，为创造新的国际秩序和新的世界，作为东亚大国的日本和中国应该发挥极其重要的作用。

与此同时，我们也要看到，在日中两国携手积极致力于解决各种课题的过程中，有识之士从事的学术研究能够发挥的作用也绝不可小视，甚至是极其重要的。

出于推动日本与亚洲各国开展文化交流的考虑，我创立了日本亚洲共同体文化合作机构。我希望该机构可以通过文化交流，增进亚洲各国人民之间的相互理解，真正实现本地区的和平与稳定。

第三章

美美与共　和合共生

建设没有差距的亚洲

2011 年 4 月 14 日

2010 年 4 月，我很荣幸地当选为博鳌亚洲论坛理事长，我希望在我的任期内能够为进一步促进亚洲区域合作、推动亚洲经济一体化进程做出贡献。到 2011 年，作为区域合作平台的博鳌亚洲论坛已历十年。随着亚洲经济实力的上升，博鳌亚洲论坛已成长为全球主要经济论坛之一，为亚洲造就了一个凝聚共识、表达意见的平台，也为世界提供了一个了解亚洲的窗口。

博鳌亚洲论坛是一个立足亚洲和新兴经济体的全球论坛，出席年会的代表主要来自中国和亚洲其他国家。十年来，博鳌亚洲论坛在区域经济一体化建设，帮助亚洲国家实现发展目标上取得了很大进展，并为增进亚洲人民间的相互理解做出了重要贡献。

去年理事会中新增了来自欧美的成员。这非常重要，从世界范围来看，我们不可能割裂其他国家来谈亚洲的经济发展，听取更多人的意见对论坛参加者来说是有意义的。如今，博鳌亚洲论坛已成为亚洲以及其他大洲相关国家政府官员、工商界精英和学术界领袖就亚洲以及全球重要事务进行对话的高层次平台。

本届博鳌亚洲论坛年会的主题是“包容性发展”。所谓包容性发展，就是要使全球化、地区经济一体化带来的利益和好处惠及所有的国家和地区，使经济增长产生的效益和财富惠及所有人群，特别是要惠及弱势群体和欠发达国家。这为亚洲的可持续发展提供了导向。

亚洲国家各具特色，发展程度各异，政治体制各有不同，一个国家内部也存在很多问题，各国应朝着减少国家内部摩擦、使亚洲成为安全地区的方向而努力。因此，亚洲国家之间相互理解、携手合作变得更为迫切和必要。

理想状态是各国从“只有一个地球”的理念出发，在日常生活中就应充分采取心系未来的行动。中国是人口大国，经济发展速度很快，中国正面对环境、资源、粮食等诸多问题。这不仅是中国的问题，也是日本和其他亚洲国家面临的问题。现在全球人口是 70 亿，到 2050 年，全球人口将超过 90 亿，40 年后资源问题会更加严峻。亚洲各国只有都从“只有一个地球”的理念出发进行节能合作，人类才有望实现可持续发展。这个问题应该得到高度重视。

亚洲国家中日本率先进入老龄化社会。如何应对老龄化社会带来的各种问题，如何使社会维持稳定，也是应该思考的问题。日本经历了 20 年的经济低迷，但我对日本经济还是持乐观态度。日本没有资源，制造业瞄准的是高附加值产品。为提高企业的国际竞争力，日本企业正在努力进行技术创新，培养人才。

今后日本应该重点发展对社会有益的产业，发展节能、节约资源、保护环境的产业。我希望听到各界人士对日本经济增长点的积极讨论。特别是在如何应对老龄化社会，应该发展哪种产业等问题上，我也希望亚洲各国能借鉴日本的经验和教训。

新兴经济体在世界经济中的作用日益凸显，而亚洲又是新兴经济体比较集中的地区。金融危机后，以中国为首的新兴经济体已成为世界经济复苏的“领头羊”，发展很快。

未来，新兴经济体的工业化和城镇化，可能是它们与发达国家谋求共同发展的一个机遇。城市化意味着生产和消费的更集中、更大规模、更社会化和更高的生产效率，取得城市化进展的同时，会带来哪些负面效果都需要亚洲国家充分合作和交流经验。对此，日本应该总结这方面的制度和经验，为亚洲各国提供借鉴。

亚洲各国实行自由主义经济的历史还很短，还需要借鉴欧美国家的经验和教训。美国参与亚洲经济的程度很深，对亚洲各国均有投资，美亚贸易往来规模也很大。美国也是较早实践自由主义经济的国家，有着丰富的经验和智慧，这都是亚洲各国可以学习的地方。如何应对亚洲经济一体化进程中的美国参与，则需要我们从现实出发进行综合考虑。

值得注意的是，近年来亚洲各国在取得经济发展的同时，相互间的纠纷也显现出来，这更需要亚洲各国搁置争议，加强沟通和理解。如果外交问题处理不当，会让参与两国间经济往来的人士产生不安。冲突各方的政治家需要协商处理好外交问题。不过，从去年发生的亚洲国家间领土纠纷问题来看，政治不信任尚未影响经济往来。

亚洲各国从经济、政治、文化、历史等各个方面来看，可能是世界上最具多样性和差异性的区域。相比较而言，欧洲、美洲、非洲先后建立起了泛地区组织，唯独亚洲还从未产生过泛亚洲组织。除了区域内部的多样性和差异性，亚洲经济一体化进程相对落后的一个重要原因是，各国还没有适应国际规则，在本国内尚未健全相关的制度和法律。

亚洲各国正朝着经济一体化方向努力，但还需要一定时间。加速亚洲经济一体化进程，需要各国加深相互理解，努力缩小国与国之间的差距，并同时缩小本国内部的差距。各国应当发挥各自的比较优势，以各种方式相互合作，在未来建设一个没有差距的亚洲。

目前中国、日本、韩国的经济规模在亚洲各国中名列前茅。这三国有望率先成为亚洲经济一体化的驱动力。但是，美国在亚洲贸易中占有很大比重，经济迅速发展的印度也是不可忽视的力量。所以，亚洲经济一体化的核心国家不应该仅限于日本、中国、韩国这三国。哪个国家将在未来亚洲经济一体化过程中占据主导地位，还有待观察。促进亚洲经济一体化需要在加强与欧美各国合作的同时，把亚洲各国带动起来。

在后金融危机时代，如何恢复并保持强劲而稳定的经济增长，也许是全球经济的头等大事，在亚洲如何实现包容性发展，则是更为紧迫也更具根本性的问题。

亚洲各国要加强合作、缩小差距、共享信息，为使亚洲经济高质量发展、提高亚洲各国民众生活水平而努力。亚洲的发展同时也离不开与美国、欧洲的携手合作。

开拓日中经济交流新局面

2012 年 7 月 5 日

今年正值日中邦交正常化 40 周年，是日中关系迎来“不惑之年”、向更高层次发展的重要阶段。博鳌亚洲论坛自创立起，已经走过 11 个年头，如今成长为亚洲乃至国际上颇具影响力的经济论坛之一。一直以来，为实现亚洲地区的健康和可持续发展，论坛广结各领域各阶层英才，孕育出了不少真知灼见。

其中，交流会为代表日中两国的企业家同仁提供了一个新的交流平台，期待今后两国关系能够进一步深化。

众所周知，时至今日，1 年 4 个月前发生的东日本大地震仍然给日本人民的生活造成了巨大影响。日本人民不会忘记，包括中国在内的世界各国各地区在震后第一时间给日本带来的温情守望与莫大援助。

我相信，即便经受如此大规模灾害，日本的深厚潜力也不会丧失，甚至可以说，在节能、节约资源、环保等领域会发展到更高层次的技术水平。

一直以来，日中两国间的经济交流是日中关系的支柱之一，发挥了巨大作用。日中邦交正常化 40 年来，两国贸易量猛增，据说去年的贸易额达到了 40 年前的 300 倍以上。

我认为，双方应在继续保持友好关系的同时，根据各自经济现状和世界经济形势，升级优化日中经济合作模式。

为此，除两国政府外，也少不了各位企业家的努力。在此，我想提五点建议：

第一，在地震及其他自然灾害方面深化合作。

希望能够建立一个体制，使同属自然灾害频发国家的各位同仁可以彼此分享真知灼见，共同研发技术，竭尽所能预防灾害。此外，为应对灾害发生时以及灾后重建时的各种问题，我认为两国企业在该领域进行交流，开展合作至关重要。

第二，强化绿色经济合作。

发展绿色经济契合世界经济发展潮流，或将成为未来日中两国经济合作的主要领域。考虑到资源有限，应摆脱“牺牲环境谋发展”这一陈旧思想，为提升发展质量做出不懈努力。令人欣喜的是，中国也已采取诸多措施，正在努力实现环境友好型和资源节约型社会。据报道，部分日本企业正与中国合作，推进新能源汽车产业的发展。中国已经成为世界最大的汽车生产、销售国，而日本也是世界首屈一指的汽车生产国。双方在新能源汽车领域开展合作，可谓合乎时宜。期待两国企业共同努力，引领绿色经济潮流。

第三，深化金融领域合作。

虽然希腊财政紧缩派在议会选举中获胜，但欧洲经济为债务问题苦恼已久，未来形势依旧不明朗。在此背景下，日中承担着稳定世界经济发展的重要作用。在强化国际货币基金组织资金基础方面，日本承诺注资 600 亿美元，紧随其后，中国承诺注资 430 亿美元。在亚洲，双方也就“清迈倡议”规模翻倍等强化措施达成一致，将为亚洲经济的稳定增长而共同努力。此外，日中两国间的金融合作框架得以建立，6 月起日元与人民币的直接交易机制将正式启动。通过深化各领域的日中合作关系，期待两国可以为亚洲乃至世界经济的稳定和发展贡献更多力量。

第四，共同推进区域一体化进程。

作为 GDP 规模世界第二和第三的经济大国，中日两国对亚洲区域经济具有巨大影响力。去年，两国就东亚地区经济合作、东亚自由贸易区、东亚全面经济伙伴关系，共同发出重要信号。希望日中两国能与当事国协商，主导推进亚洲地区健康、可持续发展。

第五，深化战略互惠关系。

日中两国一衣带水，有着漫长的交流历史，但现实中仍然存在政治体制和经济状况的差异。即便如此，或者说正因为如此，我们才更应该冷静认识彼此的重要性和影响力，为子孙后代构筑和平友好的合作关系。

今天到场的代表们，期待日中两国企业家能作为连通日中两国、亚洲和世界、现在和未来的桥梁，发挥重要作用。也希望这次交流能成为新的起点，助力两国企业进一步深化互惠关系。

变革世界中的亚洲：迈向健康与可持续发展

2012 年 4 月 1 日

在过去的 2011 年里，全球经济发生了重大变化。博鳌亚洲论坛的许多分论坛对于这些动向都从专业角度进行了分析。我想使用五个关键词来谈一谈对“亚洲的健康与可持续发展”这一主题的思考以及需要注意的问题。

第一个关键词是“经济增长率”。

亚洲许多国家的经济基础未必牢固，这就使得对于亚洲自身而言，各国保持一定经济增长率是首先必要的，同时这也是亚洲对全球经济的贡献。

亚洲人口众多，面临的就业压力巨大，因此正需要保持经济增长，才能缓解各国压力，实现经济可持续发展。

在去年召开的 G20 戛纳峰会上，20 国领导人通过了促进发展与就业的行动计划，一致同意将经济增长与就业作为社会可持续发展的基础。现在，中国和印度等新兴国家的经济增长率已经大幅超越欧美国家，欧美各国将就业转向国外，越来越多的欧美人把亚洲作为发挥自己才干的舞台。

就此意义上讲，我认为亚洲国家只有保持住经济增长，才能解决就业问题，保持健康可持续发展。

第二个关键词是“内需”。

要实现亚洲的健康可持续发展，不能仅仅依赖对欧美国家的出口，而必须以扩大各国内需为基础。

金融危机导致欧美市场萎缩，亚洲的出口主导型经济增长模式受到了全球经济低迷的影响。在外部市场不断紧缩的背景下，亚洲国家之间的相互依存度变得紧密起来。

本年度博鳌亚洲论坛就亚洲竞争力方面的报告显示，亚洲国家之间的相互依存度已经由六年前的 46% 上升至 53%。过去，亚洲依靠出口主导型经济实现了快速发展，但如果仍走老路，恐怕终有一日遭遇发展瓶颈。如此，亚洲各国只有互为市场，同时扩大自身内需，便可找到经济健康可持续发展之路。

作为现实问题，如何扩大内需，让国内市场成为推动经济增长的着力点，是包括中国在内亚洲各国共有的紧迫课题。一些亚洲国家已经采取了一系列措施，实施扩大内需战略，致力于调整经济结构和改善民生。比如近些年，中国政府在提升国民购买力、改革收入分配制度方面下功夫，采取了完善兜底制度、提高最低工资水平等诸多措施。

在去年的博鳌亚洲论坛年会开幕式上，中国国家主席胡锦涛发表了题为《推动共同发展　共建和谐亚洲》的主旨演讲，表示未来五年，中国将着力实施扩大内需，特别是消费需求的战略，建立长效机制，释放消费潜力，着力促进经济增长向依靠消费、投资、出口协调拉动转变。

我认为这些措施将给中国乃至整个亚洲的发展带来重要机遇。

第三个关键词是“差距”，也就是收入的公平分配问题。

进入 21 世纪以来，随着经济全球化的发展，亚洲各国之间的种种壁垒日渐消除，物、财、信息以及人员的自由往来得以提速。

尽管这种动向有助于增加整个亚洲的财富，但另一方面，在自由开放的市场经济中，具有强大实力的经济参与者越来越富有，而力量薄弱的则可能会日益陷入贫困旋涡。

就国家而言，经济强国或许会赢家通吃，越来越富，弱国则截然相反。个人层面也是如此，能够凭借自己实力和运气寰宇世界，从事全球化性质工作的人或许因此致富，而对此无能为力的人，恐怕只能面对残酷的社会现实。

在不断发展的亚洲经济全球化进程中，为推进健康可持续发展，我认为我们亚洲各国有必要更为积极地致力于解决各国之间，以及各国国内的贫富差距问题，让全球化的成果普惠各国及各国人民。胡锦涛主席提出的“实现和谐社会”，大概也是出于对这一主题的思考。

我还认为各国不应各自为战，有必要讨论如何联手努力，解决问题。比如我听闻，东盟内部面向 2015 年成立东盟共同体，已在新任主席国柬埔寨的牵头下准备展开相关的讨论。

第四个关键词是“能源、资源、环境”。

在经济增长显著的中国，能源和环境问题逐渐上升到国家层面。中国目前有近 20 座核电站，似乎正在计划大幅增建。日本在经济高速增长时期也曾遭遇环境问题，但与日本过去的经验相比，中国面临的环境问题正以更快的速度和在更广的领域不断加剧，引人担忧。印度的情况同样严峻，印度打算将目前 20 座核电站的数量增加数倍。

特别需要一提的是，印度不同于中国，并未限制人口增长和计划生育。如其人口增长和经济发展继续保持当前节奏，恐怕总有一天，不仅对印度，对整个世界的能源和环境都将产生严重影响。

我还听说，能源短缺和环境污染也成了东南亚国家的严峻问题。随着这些新兴经济大国的快速发展，一旦各国之间围绕有限资源和能源的争夺日趋激烈，那么，夹在富裕的发达国家和这些新兴经济大国之间最吃亏的恐怕就是中小发展中国家了。

40 年前的 1972 年，意大利民间智库机构罗马俱乐部发布了一份著名的报告，称人类发展将在100年内达到极限。20年后作为后续报告发布的《超越极限——为了生存的选择》，则为事态的愈加恶化发出信号——过度采掘资源和环境污染将导致21世纪前50年内就出现崩盘。

近些年亚洲经济以资源和能源的大量消耗为代价发展起来，各种环境问题由此而生。我们必须注意到，这种大量消耗资源和能源、对环境造成负担的经济增长模式对亚洲来说已不再“健康”，且越来越变得不可持续。

众所周知，日本是一个资源匮乏的国家，所以从几十年前就开始摸索如何构建循环经济或者说绿色经济等健康可持续的发展模式。除政府指导外，日本企业也将节能视作一种创新性的竞争力，研发节能技术备受重视。总而言之，发展技术是最为必要的。

今后，无论竞争还是合作，亚洲所有国家需要携起手来，推动聚焦节省资源、节约能源新技术的开发。

第五个关键词是“经济合作与经济融合”。

要实现亚洲的健康可持续发展，必须进一步推进区域经济合作。我们的博鳌亚洲论坛正是这样一个以推进亚洲区域经济合作为宗旨的组织。

非常可喜的是，亚洲经济一体化进程取得了显著进展。统计显示，亚洲目前有192个FTA协定，而且这一数字还在逐年增加。

亚洲开发银行的数据显示，2005年东亚15个国家和地区的区域内贸易已经占到了亚洲贸易总量的55.6%。这一数字几乎与欧盟15国区域内贸易在欧洲贸易总量中60%的占比相当。

1980年以前，亚洲各国与太平洋彼岸的北美之间的贸易量远远超过亚洲域内总量。到了20世纪80年代中后期，亚洲区域内贸易开始迅速扩大，最终占到了亚洲贸易总量的一半以上。相关机构分析预测，今后100年内，亚洲区域内贸易将以年均12.2%的增速发展，最终将比对美贸易量高出 70%。

目前全球 70 亿人中的 40 亿人生活在亚洲。亚洲现有 9.4 亿中产阶层，预测到 2020 年时将达到 20 亿人。在亚洲经济大跨步发展的背景下，各国加强经济合作，走上经济融合的道路，或许是理所当然的时代潮流。

对此必须注意的是，现在各国分散推进的经济合作尚未形成经济融合，不能让这一动向导致经济脱钩。

比如，就近来一些“大事”而言，出现了 TPP 和日中韩、东盟 10+3 等经济合作框架，我认为不能采用竞争和排他的形式来建立机制，而应该在寻求和谐的同时实施合作，以实现融合做为最终目标加以讨论，形成架构，这具有重要意义。

大约在 300 年前，德川将军统治下的日本采取锁国政策。在那个时代，位于日本中部的近江地区（靠近京都）广泛开展商业活动的“近江商人”把“三方好”的精神作为经营理念，在此我简单介绍一下。

“三方好”，指的是“卖家好，买家好，社会好”。换句话说，是在做买卖的时候，不能只是卖家自己赚钱，还要使其交易对象，即买家得益，收获幸福，更要为作为交易场所的整个社会带来利益。

亚洲要推进健康可持续发展，各国就不要仅仅单纯追求本国利益，而需要秉承“三方好”的精神顾及对方，进而胸怀亚洲整体公共利益进行思考。我想，这或许并不仅限于日本人，而是整个亚洲的广大民众可以共享的、具有亚洲特色的价值观。

化解矛盾、构建成熟关系的“共通事项”

2013 年 7 月 8 日

当我们思考日中韩三国之间的关系时，首先要记住的是，日中韩无论是在地理上、历史上、文化上、经济上、政治上，还是民族上都有着千丝万缕的联系，无法分割。虽然三国有时会发生纷争与摩擦，但也被命运的纽带联系在一起，不能分开。

此次会议上，我不会就当前日中关系及日韩关系中的种种问题逐一进行探讨，而是希望就我们这次“日中韩贤人会议”主题，以更高站位、更加长远的眼光来思考三国关系。并希望与在座各位一起探讨应该从何处着手，来增进三国之间的合作，帮助彼此实现共同繁荣。

用更加哲学的方式来讲，即用辩证法来扬弃、跨越日中韩关系中的僵局，使三国拥有更高层次的成熟关系。希望与大家一起来探讨这方面的举措。

我认为，三国要化解现有矛盾并构建起更为成熟的关系，关键在于明确“什么是共通事项”。正如我一开始所说的，日中韩三国被强大的命运纽带联系在一起。因此，探寻并确认彼此之间有哪些共同价值和课题，探讨如何就这些课题进行合作是非常重要的。

前年以来，在中国、韩国举行的东北亚名人会上，有人提议是否在会上选出三国共同使用的汉字，这一提议已被采纳。真是一个好主意。

人类之所以成为人类，最主要的原因是拥有语言。人类通过语言实现了自我觉醒，通过使用语言，认知了自我与他人。三国共同使用的汉字，可以作为日中韩共同拥有的语言，将对三国民众的相互理解起到极为重要的作用。

我听说三国的参会代表正在挑选500个共用汉字。期待这一成果能够尽快提交本次会议，并予以发表。

今天的主旨演讲中，我将从三个领域谈论如何推进日中韩三国间的合作。一是如何应对老龄化社会，二是环境和能源问题，三是地方层面的区域合作。下面我将按顺序谈起。

在日本，老龄化社会到来所带来的问题已经非常明显且在不断加剧，而这一问题在韩国和中国也日益显现，是今后两国必须面对的一大课题。

根据日本经济中心等机构的测算，2050年日本老年人口的比例将达到40%，这也意味着每五个人中就有两人超过65岁的超老龄化社会即将到来。而韩国也和日本一样，到2050年将迎来老年人口比例达到40%的超老龄化社会。

在中国，65岁以上的老年人口数量已超过1亿，预计到2030年，这个数字将达到3.3亿。这意味着中国总人口的25%是老年人。

日中韩三国所面对的老龄化问题，不仅在于老年人口数量的增加，也在于其迅猛的增长速度。

全世界范围内首先面临老龄化问题的是20世纪的欧洲各国，但这些国家的老龄化进程比较缓慢。

在人口学中，65岁以上的人口比例从7%增长至14%所需的时间被称为“翻倍时间”。所有西欧发达国家的平均翻倍时间约为60年。

与此相对，日本老年人口数量从7%“翻倍”到14%的时间，是1970年至1995年的短短25年间。正在“翻倍”的韩国，是在2000年至2020年的20年间，而中国，将在2005年至2030年的25年间实现“翻倍”。中韩的老龄化人口增长速度与日本一样，甚至比日本更快。换句话说，日中韩在世界范围内，正以前所未有的速度走向老龄化社会，这对社会和经济都造成了极为猛烈、巨大的冲击。也正因为没有先例，所以不能参考欧美国家的对策。

迎接老龄化社会的到来，各国都需要应对很多课题。其中最重要的就是完善社会保障制度，如养老金和医疗保险等。我听说中国的社会保障制度尚不完善，人们必须从年轻时就为退休后的生活存钱，这对扩大内需起到了一定的抑制作用，而扩大内需对中国经济的未来发展至关重要。

日本已经完善了全民健康保险制度及养老金制度，建立起了一个可以与西方国家相媲美的社会保障制度。然而，进入少子老龄化时代，缴纳养老金和健康保险的年轻人数量越来越少，而领取养老金、在医疗方面花费较多的老年人口数量却在不断增加，导致赤字扩大，难以维持现有制度。明年计划实施的提高消费税政策就是改善这一财政困难的对策之一。

从日本身上可以汲取的教训是，建立一个庞大的社会保障制度固然重要，但要在老龄化社会中维持这一制度的运行却不是一件容易的事。我们需要汇集日中韩三国的智慧，来思考解决这一前所未有，极为困难的重要课题。

随着产业的发展、教育的进步，出现了人口向城市集中的城市化现象。与此相对，农村人口过疏现象亦成为一个严重问题。

人口向城市集中发生在日本经济高速增长期，也发生在今天的中国和韩国。 年轻人去了城市，老人被留在农村，这种现象不是昨天或今天才开始的。但是，随着各国进入老龄化社会，城市化与农村人口过疏将呈现出更加严峻的态势。

日本已经开始出现了这样的现象。城市化不仅吸引年轻人到大都市，也对老年人具有巨大吸引力，因为这里的生活更加便利。也许地方上空气更加清新，风景更加秀美，但大城市里，老年人所必需的医院及各种社会福利基础设施、交通系统则更加完备。这导致地方上正从“没有年轻人，只有老年人”的状态逐渐转变为“没有年轻人，也没有老年人”的状态。

日语里有个词叫“极限村落”。这是指村镇人口持续减少，老龄化进一步加剧，使得维持一个村落、社区运行所需的自治、生活基础设施管理、婚葬祭礼的举办等越来越困难。

日本国土交通省2006年进行的一项调查结果显示，全国约63000个人口过疏村落、社区中，65岁以上老年人口超过总人口数量50%的大约有8000个，占总数的约13%。这其中，大约有3000个村落社区出现了难以维持基本运转的情况，更有2600个将在10年内甚至更早消亡。

日中韩三国应该认真思考在少子化、老龄化不断推进的情况下，城市和村镇的未来发展方向。

其中，最常被提到的解决方案之一就是接受移民。

理论上来讲，在少子化、老龄化不断演进的日中韩三国，都有可能兴起关于接受移民的讨论。但是，接受外国劳动者将会对本国社会、经济造成很大冲击，因此必须慎重考虑。

进一步而言，虽然促进日中韩三国间不同层次的人员交流非常重要，但采取用劳动力移民的方式来争夺年轻劳动力的做法，是不太现实的。

此外，在老龄化社会的问题上，我想就中国的独生子女政策谈几句。

中国在30多年前实施了独生子女政策。毋庸置疑，这是当时拥有近10亿人口的大国为了控制人口增长而采取的措施。

通过政策来抑制人口增长对于决策层来说是一个极其沉重的决定。如果中国当时没有实施独生子女政策，那么可能还需一段时间才会面临老龄化社会的问题。但是，没有实施也可能导致人口急剧增长，将中国，甚至整个世界卷入粮食、能源及环境等各个领域的危机。从这方面来讲，这是一个负责任的选择，从世界文明史来看，也是一个伟大的决定。

我这样说的原因在于，现在非洲人口数量正在迅速增长。据说，目前的10亿人口将翻倍至20亿。

我听说，一些非洲国家认为，应该效仿已经成为世界第二大经济体的中国，通过增加本国人口成为新兴大国。

但这样做又会如何呢？要增加人口，就必须积蓄和发展养活这些人口所必须的经济实力。并不是说人口增加了，经济就能得到相应的发展。重要的是要确保人均国民收入的增长。

在座各位，在本次会议的分论坛上将讨论有关环境、能源方面的问题。这是日中韩三国未来都将面临的重大课题，因此有很大的合作空间。

日本自1960年开始进入经济高速增长期，大概是从1965年开始，环境污染问题成为了一个严重的社会问题。“雾霾”及“污泥”开始成为日常用语。这段时期，流经工业区的河流被污染得连鱼都没有，空气污浊导致孩子们必须戴着口罩上学，后来在东京都看不到富士山了。

环境恶化的另一面是能源问题。

在资源匮乏的日本，以石油为首的大部分能源都依赖于进口。1974年，由于当时的石油输出国组织（OPEC）大幅提高原油价格，导致“石油危机”爆发，日本物价飙升了23%以上，引发了“物价狂乱”的局面。一时间谣言四起，谎称造纸厂缺少石油，卫生纸会短缺，导致人们四处抢购，出现了超市货架上的卫生纸被瞬间抢空的罕见景象。

自那以后，日本举国治理环境污染，并不断开展与环境治理相关的技术创新，情况有了很大改善。现在，从东京可以看到富士山，流经东京的河流里又出现了鱼儿的身影。此外，能源来源也变得多样化，再加上存储及节能技术的发展，使日本成为了一个在能源利用效率方面处于领先地位的国家。

然而，对于自身能源匮乏，1 亿人口挤在狭小土地上的日本来说，环境和能源问题仍然是一个具有挑战性的重要课题。

加之前年发生的，因海啸引发的福岛核泄漏事故的影响，未来能源领域将出现新的不确定因素。

今天，以中国为代表的亚洲国家正处于经济高速增长期，被视为“世界工厂”。但因此环境问题也愈加凸显，能源的稳定供应亦成为一个重要课题。乍一看，这似乎是过去欧美、日本经济高速增长期的重现，但中国的经济增速要比日本当时的增速更快，人口也是日本的十几倍，因此不能简单地和欧美、日本的先例做比较。一个严重的问题是，环境问题往往伴随着空前快速的经济增长，污染速度非常快，以至于应对措施无法跟上形势。

随着全球化的发展，物资、人员及信息的跨国交流也呈几何级数增长，特别是在地理相邻的日中韩三国间，环境问题对于任何一方来说都非“事不关己”。

前年，福岛核泄漏事故发生后，日本出口到中国、韩国的许多食品，其安全性受到质疑。与之相对，从中国、韩国进口到日本的蔬菜及食品，有些也存在安全性问题。

另外，三国地理位置临近，在细颗粒物（$PM_{2.5}$）污染及沙尘暴等跨国环境问题上如何进行合作，是一个紧迫课题。

能源问题上，在世界能源供应日益紧张的今天，日中韩三国不应出现相互争抢的局面，而应汇集三国能人贤士的智慧来解决问题。

在解决环境和能源问题上，科学技术方面的突破至关重要。

例如，新能源汽车技术的发展对解决空气污染等环境问题，将起到很大作用。而美国开发的页岩气开采技术则有可能在很大程度上改变世界能源的供需格局。

顺便说一下，中国是世界上页岩气可采资源量最大的国家。应该通过技术研发来克服、解决环境和能源领域的问题。相信在许多领域，三国可以开展产官学方面的合作。希望大家能在此次的分论坛上就这种可能性展开具体讨论。

在此基础上，我还想大胆说两句。

从中长期来看，像现在这样，靠大量消耗资源，牺牲环境来换取经济增长的模式，在 21 世纪是不可持续的，不仅对日中韩是这样，对整个世界也是如此。

随着世界人口的持续增长，以及全球化所带来的世界整体“财富”的大幅增加，人类正以前所未有的速度消耗着能源和资源，造成环境恶化。

从全球环境问题中可以看出，这些问题不只是区域性的，在全球层面上对整个地球都产生着重大影响。如果要继续维持经济繁荣及可持续性发展的社会，仅靠科技进步是不够的。消费者和生产者，即我们每一个人都应该拥有更具环保、节能导向的思想意识及行为模式。

在韩国首尔，前总统李明博担任首尔市长期间推动的清溪川修复工程，使首都的一条地下暗渠重新变成了一座美丽的河川公园，听说现在这里是很多首尔人的休闲放松场所。

在东京，市中心的许多高速公路也是建立在被填埋的河道上，要将原来的河流复原可不是一件容易的事。我只能羡慕韩国了。

大概 10 年前我担任内阁官房长官时，日本倡导清凉商务装，就是

7月到9月的三个月里，号召不打领带、不穿西服外套来上班。今天，穿清凉商务装的时间从7月提前到了6月，延长至4个月，而且以政府机构为代表，许多企业在夏天将空调温度设置在25℃以上。如此种种，节能生活方式正在日本民众间普及开来。我想其他国家也在进行各种努力。

最后，我想谈谈地方层面的交流。

日中韩三国很多地方上的干部都参加了此次会议，比如会议举办地北海道的商工会议所会长。我想再一次强调，推进三国间地方层面的交流极其重要。

在日本有"区域全球化"这个词。它是由全球化与区域化合成的一个新词，具有多种含义。其中有一种意思是"以全球化的理念在地区层面上开展活动"。

观察世界时，我们可以从全球、区域、国家、地方等不同维度来思考问题。

20世纪还处于国家范畴，即社会经济的运行主要以国家为单位来开展。但进入21世纪，随着全球化的发展，货物、资金及信息在世界范围内自由流动，国界壁垒越来越低，国家的重要性也有相对下降的趋势。

欧洲就是一个有趣的例子。经过长时间的努力，欧洲建立了名为欧盟的区域性共同体。在欧盟内部，人员自由流动，关税被取消，国家间壁垒被大幅削弱。我听说，这导致很多欧洲人产生了强烈的地方认同感，即对自己的家乡或所处地区的归属感，而不是对国家的归属感。全球化使得人们对国家、民族的归属感变得相对化起来，就欧盟来讲，随着成员国融入欧盟，人们产生了比以往更为强烈的地方归属感。

在东北亚，也就是日中韩三国，全球化的浪潮已蔓延到了各个角落。因此，以国家为单位进行的思考应该被相对化，但在三国民众的意识中，无论好坏，国家意识都根深蒂固，这有时会导致爆发狭隘的民族主义，使国家间的关系变得紧张。

因此，我们期待在地方层面上加强日中韩三国间的各种交流及关系。就像全球化可以使国家归属意识相对化一样，地方层面上的交流也有中和民族归属意识的效果。

即使一开始会强烈地认为“我是韩国人”“我是日本人”，但如果加深地方层面上的直接交流，最终都会感到“我们是同伴”“都是一样的人”。

例如，日本各城市与中国各城市间，每周有600个直达航班；与韩国各城市间，每周有670个直达航班。加强地方层面上的三国联系，对于今后构筑日中韩三国共同繁荣、行稳致远的关系极为重要。

有这样一句名言：“智者从历史中学习，愚者从自己的经验中学习。”

无论我们是否有资格成为“智者”，作为在各国政治、经济和学术领域的“先行者”，我们至少有责任将我们过去的体会，或是从成功和失败中汲取的经验，作为历史的一个微小部分，传递给三国的新领导人。

化“失败”教训为成功之源

2014 年 9 月 28 日

日本非营利组织言论 NPO 近期开展的民意调查显示，日本人对中国印象以及中国人对日本的印象都“不好”，而且持有这样印象的人占比均接近 90%。

在我看来，日本国民对中国民众或中国人民对日本国民的感情，不一定与双方对对方国家或政府的感情相一致。

最近，周末走上东京的商业街头，中国游客随处可见，而且还有很多中国人会到日本各地观光游览。加之也有很多日本人去中国经商、留学，我认为两国人民之间的感情总体上还是充满友情和礼貌，积极向前的。

但不可否认的是，由于两国政府间存在一些棘手的悬而未决的问题，因此两国民众对对方国家的印象才会像本次民意调查那样持续恶化。

日中两国一衣带水，又分别是世界第三、第二大经济体。倘若日中两国所在的亚洲地区被视为世界上纷争不断的地区，坦白讲，那对日中两国来说都是一件羞耻的事。日中两国政府和领导人必须着眼大局，从国际视角做出决断、解决问题。

我想说一个关于日本的“失败”故事。1990 年，伊拉克军队突然入侵科威特，挑起海湾战争，给国际社会带去巨大挑战，这个故事就是那一时期发生的。

当时日本正处于泡沫经济高峰期，《日本第一》一书火遍大街，《日本可以说不》一书也引发热议，日本的发展势头也处于最高点。那是一个充满自信或说过度自信的时期，日本有足够多的钱在美国购买土地和楼宇，认为可以利用其经济实力做任何事情。

但日本的这种做法遭到美国的强烈谴责，引起国际社会的戒备之心，结果导致日美经济摩擦不断恶化，并引发了抨击日本的国际现象。

面对这样的强烈谴责，日本政府决定支援海湾战争，投入了当时可以付出的最大金额，但美国却认为“数额太少，行动太迟缓”，依然没有停止谴责。

我是在海湾战争刚刚发生的1990年第一次成为国会议员的。第一次以议员身份回答国会委员会提问时，我便引用了刚刚提到的朝河贯一著作中的内容，表达了“当今日本正处于经济泡沫时期，在国际社会上未免显得有些傲慢了”“现在我们面临的不就是一场新的‘日本的祸端’吗？”“美国很看重舆论，我们要注意舆论把控”等观点。这些我至今记忆犹新。

20多年过去了，值得庆幸的是，现在情况已经发生了180度转变，在美日本民间企业的商业活动很慎重，美国社会也开始对企业的表现予以肯定。

今天，中国正以破竹之势继续保持着经济发展。中国超越日本，成为仅次于美国的世界第二大经济体，而且不仅是经济实力，在军事和外交领域也取得了快速发展。但与此同时，必须承认的是，中国民众对本国的自信心和自豪感也随之增强。这在情理之中，也是无可厚非的。

但国际社会是怎样看待中国的快速发展的呢？事实就是，在大加赞赏的同时，大家也抱有担心和警惕。

中国反复强调本国的飞跃发展是和平发展，不会对其他国家造成威胁，对此我深信不疑。但是否会对某个国家“造成威胁”要考虑其他国家是怎样感知的，并不由本国决定。

有谚语道：失败是成功之母；祸福相依。这些谚语凝练了先贤的智慧，告诫我们不论是个人、企业、组织还是国家，越是在取得发展、讴歌成功之时，越要注意不能让现在的做法成为导致日后失败的隐患。

现在，中国取得了历史性的伟大成功。而正是在这个时候，我才会苦口婆心地说，希望不会出现类似“日本的祸端”那样的“中国的祸端”。但愿我的这种担心只是杞人忧天，也期待中国人会以史为鉴、学习先贤智慧，除掉成功背后隐藏着的未来失败的种子。

日中两国都是亚洲地区有责任的大国。人们常说，21世纪是亚洲的时代。在我眼中，亚洲有着下面三个“相貌”。

首先，不言而喻，亚洲一定是强有力发展的亚洲。国际货币基金组织今年发布的数据显示，全球GDP总量约73万亿美元，其中亚洲GDP近20万亿美元，约占三分之一。而在亚洲地区，中日韩三国GDP分别达到9万亿、5万亿和1万亿美元，三国总量与16万亿的美国比肩。我想无需再列举其他数字，大家也都会承认，亚洲是世界首屈一指的经济增长中心，是世界经济的引擎。

但与此同时，亚洲也是一个正在老去的亚洲，这是我想说的第二点。日本和韩国是全球人口老龄化最严重的国家。今年的统计数据显示，日本65岁以上的老龄人口首次超过总人口的25%，换而言之，日本每4个人当中就有一个人是老年人。而韩国的人口老龄化问题也和日本一样严重。

但在这里我想强调的是，社会老龄化不只是日韩两个国家的问题。事实上从中长期角度来看，今后亚洲整体都将面临人口老龄化进程加快的问题。

从朝气蓬勃的青年到年富力强的中年，这些“生产人口”增加时国家经济就会强有力发展，这就是所谓的“人口红利期”。与之相反，社会老龄化不断推进，生产年龄人口相对减少的时期就是“人口负担期”。

现在亚洲地区得以取得强劲经济发展的原因之一就是，亚洲大部分国家正处于“红利期”，生产人口不断增加，他们创造财富、提供服务，让社会变得富足。

日本经济研究中心分析认为，日本的人口红利期在 1995 年左右就结束了，目前已经进入负担期。中国也将在明年 2015 年左右告别红利期，并在 2020 年前后进入负担期。分析同时指出，东南亚各国也将在 2030 年至 2050 年前结束人口红利期。可以说从人口层面来看，亚洲强有力的经济发展也快要进入尾声了。

而亚洲的第三个相貌，就是我在致辞开头里提到的“彼此不和的亚洲”。冷战已经结束 30 多年了，但由于日中关系、日韩关系、南海的紧张局势和朝鲜半岛问题等，亚洲地区至今仍残留着冷战的紧张氛围，而且也没有一个坚强有力的地区性安全保障机构。

基于亚洲的这三种现状，我只有一条建议想向日中两国的友人们提出。那就是现在不是互相仇视的时候，在亚洲老去之前，日中两国要开展紧密合作，确保亚洲持续稳定的经济发展与繁荣。

有预测表明，亚洲迟早会占据世界经济的一半，我也希望这是真的。但如果有着这样势头的亚洲总有一天会老去，在那之前，日中两大经济体更应该合作起来，亚洲全体也要携手共进。

留给我们的时间已经不多了。当前我们处于继续发展阶段，有很多需要尽快处理的重要课题。

例如，第一，要制定提高经济发展质量的政策战略，改变一味追求经济增长量的经济政策；第二，解决经济发展带来的持续恶化的环境和能源问题；第三，健全社会保障体系，以应对不容分说的社会老龄化问题。

这些具体的课题是亚洲各国共同面临的问题，各个国家在分别解决的同时，亚洲的领导人们也要达成共识，以相同的政治意愿合作应对，这是非常重要的。

正如我上面提到的那样，以日中两国为首的亚洲领导人们必须携起手来解决共同的问题。为此，我们要尽早从“彼此不和的亚洲”这一状态中跳出来，这是重中之重。那我们应该怎么做呢？

我在开头论述了日中两国领导力的重要性，在此我还想补充一点：日中两国要意识到，“外交上不能有胜负之分”。

在外交交涉中，如果一方认为自己完全战胜了另一方，那么认为自己输了的一方便会采取行动扳回一局。在各国舆论给外交带来巨大影响的 21 世纪更是如此。

外交里最好的结果就是，双方都认为自己赢了。但这种情况少之又少。

次善之策是双方互相让步。这样一来，哪一边都不会觉得自己赢了，而这其实可能也是最佳之策。

出席今天论坛的各位都怀抱着构建更加良好的日中关系这一宗旨，直接或间接参与其中，为之努力，非常关心、挂念这一事业。

在我看来，当今日中两国民众都从心底里希望友好合作，但不幸的是，他们又害怕对方，互相猜疑，陷入了一种进退维谷的境地。

有政治家这样描述这种状态。

“为了从恐怖中逃出来而拼命努力，但你的这种做法在对方看来却是一种威胁。”

这句箴言是 16 世纪政治思想家、外交官尼科洛·马基雅维利说的，他著有被誉为政治外交论古典之作的《君主论》。

历史是不断重复的。最后，再次希望我们能够从历史和前人那里汲取智慧，以贤者的姿态克服现在的困难。

“亚洲三相”与共同责任

2014 年 4 月 22 日

来自日中韩三国的与会者齐聚中国扬州，就亚洲的未来坦率交换意见，我的内心感慨万千。

昨天，我和日本代表团的各位一起参观了鉴真和尚曾担任住持的大明寺。公元 8 世纪，鉴真东渡日本，让佛教在日本扎根。扬州是鉴真大师的出生地，这里也是对日本人有着特殊意义的地方。

在鉴真的时代，乘船从中国大陆到岛国日本可谓命悬一线的危险之旅。鉴真大师为了到日本弘扬佛法经历 5 次失败，第 6 次才最终成功，为此花费 10 年之久，并因恶劣天气和过度劳累双目失明。付出如此代价，终于目的达成，鉴真赢得了当时的天皇的信赖。他在日本一住 10 年，为佛教戒律的普及发挥了重要作用。鉴真和尚在日本建造的名刹唐招提寺被列入世界文化遗产。他的故事感染着日本民众，在民间广为流传，还成为学校历史课程中的必修点。

现在，鉴真和尚的时代已经过去了 1300 多年。有很多人说，如果说 19 世纪是欧洲的时代，20 世纪是美国的时代，那么 21 世纪就是亚洲的时代。我觉得这句话对亚洲来说稍微有些过誉，但不管是在经济、政治方面还是社会、文化方面，以日中韩三国为中心的亚洲的确正在国际社会中发挥着极为重要的作用。

那么 21 世纪的亚洲是否会有一个如玫瑰一般美丽的未来呢？这其

中日中韩三国又要发挥怎样的作用？我想谈一谈我们所在的亚洲的三种不同相貌，希望能为今天参加讨论的各位提供一个参考。

第一种自然是“经济蓬勃发展的亚洲”。国际货币基金组织（IMF）今年发布的统计显示，在全球总共约 73 万亿美元的 GDP 中，亚洲的 GDP 达到了约 20 万亿美元，占到近三分之一。其中，中国约 9 万亿美元，日本约 5 万亿美元，韩国约 1 万亿美元，日中韩三国的 GDP 总和约 16 万亿美元，与美国相当。

在外汇储备方面，根据世界银行的数据，中国以 3.2 万亿美元位居世界第一，日本 1.3 万亿美元，韩国 3000 亿美元。美国则为 5000 亿美元。这些数据已不必罗列，亚洲是世界首屈一指的经济增长中心，是牵引世界经济的火车头，我想这些无需质疑。

但对此我想谈的第二种亚洲之相是“老去的亚洲”。去年在北海道洞爷湖举办的上一届大会上我也提出过，日本和韩国是世界上人口老龄化速度最快的两个国家。

上周日本统计局公布的数据显示，日本 15 至 64 岁的劳动人口 32 年来首次跌破 8000 万人大关，65 岁以上的老年人数量首次超过人口总数的 25%，也就是说日本四分之一的人口都是老年人。有统计显示，20 年后日本地方的老龄人口将达到 40% 以上，东京也会有 30% 以上是老人。

而韩国老龄化的进程甚至比日本还要迅速。不过我在今年的会议上特别想强调的是，社会老龄化程度加深的实际上不仅仅是日韩两国，从中长期来看，整个亚洲都会紧跟日韩，今后人口老龄化将会急剧加速。用一个带有讽刺意味的说法，日本和韩国是亚洲的“老龄发达国家”。

从青年到中年，也就是劳动人口增加，国家经济有力发展的时期被称作“人口红利期”。与之相对的，随着社会老龄化程度加深，劳动人口相对呈现减少态势的时期被称作“人口负担期”。现在亚洲地区经济迅猛发展的背后有许多因素，其中最重要的因素被认为是许多亚洲国家正处于“人口红利期”，劳动人口增加带来财富、催生服务，从而使整个社会变得富裕起来。

根据日本经济研究中心和联合国的分析，日本的人口红利期在 1995 年左右结束，现在已经进入负担期。韩国的红利期在 2010 年左右结束，并在 2015 年左右进入负担期。而中国的红利期将在 2015 年左右结束，2020 年左右进入负担期。现在年轻人口显著增长的东南亚国家预计将在 2030—2050 年左右结束红利期。从人口的角度来看，亚洲经济的蓬勃发展并不一定会永远持续下去。

从我刚才介绍的“亚洲两相”，即“经济蓬勃发展的亚洲”和“老去的亚洲”中可以明确以下三点：第一，我们现在发展迅猛，但这种发展并不是永续的，不会自然而然地持续下去；第二，留给我们发展的时间还剩几十年；第三，21 世纪上半叶是亚洲的时代，但到 21 世纪的下半叶，亚洲时代未必持续。

所以我们必须要推动在亚洲地区发挥领导作用的日中韩三国进行合作，从现在就开始思考机制和政策，不断采取措施，使得亚洲国家不仅在本世纪上半叶，在下半叶甚至更长远的未来，都能持续保持发展与繁荣。

而具体的措施，正是希望今天参加全体会议和分论坛的各位共同探讨的。我个人想到以下几点，抛砖引玉。

（1）通过缔结自由贸易协定和经济合作协议，让物、财、服务和人员在日中韩三国之间尽可能自由流动；

（2）科学技术是经济发展的关键，在科技领域竞争激烈的日中韩三国应以构建合作共赢关系为目标；

（3）日中韩各国的经济结构从依靠美国的外需为主转向以内需

为主；

（4）新兴国家今后会在制造业等“硬产业”方面逐渐追赶上来，在这一背景下，日中韩应想办法在服务业等“软产业”方面更多营利；

（5）各国健全养老金、医疗等社会保障体系，使经济发展与人民生活都能实现可持续发展；

（6）三国合作应对经济发展带来的负面问题，特别是环境问题和能源问题。

然而在实际当中，要推动日中韩三国的上述合作，我们面临着很大障碍，有需要我们不得不去挑战解决的重要问题。那就是亚洲的第三相——“相互对抗，不稳定的亚洲”。

包括美国著名的地缘政治风险分析机构欧亚集团在内，世界上许多智库、学者、分析人士等都将亚洲，特别是东北亚地区的不稳定列为国际社会的风险因素。实际上，现在的日中韩关系，特别是从一个日本人的角度来看，近期的日中关系、日韩关系都不容乐观，我对此十分担忧。我想今天在座的许多人都有着同样的看法。

尽管现在的东北亚可谓世界经济发展中心，但不稳定性仍在持续增长，原因何在？我想指出三个大的、结构性的背景。

首先，地区内地缘政治的力量平衡正在发生巨大变化。中国作为一个大国，其经济、外交和军事影响力迅速提升，而日本这个传统的地区大国的经济陷入低谷，韩国则跻身发达国家，信心不断增强。

其次，在此背景下，自20世纪80年代冷战结束后，各国间至今没有建立一个稳固的合作与对话机制来维护东北亚地区的和平与稳定。

第三，作为日本前首相，我必须不加回避地坦率而言，那就是日中、日韩间有涉及到二战前和二战时期的历史问题，各国人民还没有彼此敞开心扉，心结尚未解开。

作为一个日本国民，对于这个问题我想说的是，日本应该虚心看待过去的历史，并再次思考为了同中国和韩国人民建立真正的友好关系自己可以做些什么，应该做些什么。

从这个角度来看，至少日本不应该轻率地草草推翻或更改过去日本政府以国家名义对历史问题做出的基本声明和见解。爱因斯坦有句格言："借鉴过去，活在当下，期待未来。"为了活在当下、期待未来，我们必须不忘正确地向过去学习。

以上就是我想说的"亚洲三相"。

在"经济蓬勃发展的亚洲"被"老去的亚洲"侵蚀之前，在亚洲发挥主导作用的日中韩三国必须为了亚洲的长期发展与繁荣携手合作。我觉得问题最大的，也是我最担忧的就是因为"相互对抗的不稳定"，日中韩三国别说合作了，现在连充分对话都难以做到。

我感觉留给我们的时间并没有太多了。在亚洲仍然充满活力持续发展的当下，我们必须要更有远见，开始思考对策并展开合作。

我们要怎么做，才能让日中韩之间目前紧张的关系正常化，以亚洲的繁荣推动亚洲的稳定，再进一步以稳定促繁荣呢？我想这是今天会议上的一个重要问题。我想不出能一语奏效的"魔法词汇"，可以说我找不到解决这些问题的特效药和万能方。但我至少可以说，在这个最重要的问题上我们还在指责对方，说谁谁不对，指着对方相互发难的做法全无建设性，如此下去别说 21 世纪，就算到了 22 世纪现状也不会得到改善。

要解决这种恶性循环，最重要的就是三国领导人要经常会晤，坦率地交换意见，花些时间来消除误解，建立互信关系，除此之外别无他法。当然现在棘手的日中、日韩关系之下，各国领导人与对方领导人会面可能会在国内带来很多政治风险。但现在问题的严重程度已经不是官员或者民间人士介入其中就能解决的了。

我打个浅显的比喻，这么说可能会显得过于乐观：不管夫妻吵架多么严重，只要每天生活在同一个屋檐下相互交谈，总有一天会重归于好吧。

我在开头介绍的扬州大明寺的鉴真纪念堂有一盏石灯笼，是1980年唐招提寺的森本孝顺长老亲自送来并亲手点燃的。这盏灯与唐招提寺内的另一盏是一对。这对灯火至今仍在燃烧，长明不灭，遥相辉映，象征着日中两国人民世代友好的光明前景。

2007年，中国的温家宝总理访问日本，在日本国会的演讲中也介绍了这个故事。在上千年的时间里，日中韩三国通过佛教和文物、人员、文化等形式紧密相连。我这么说可能有些过于乐观，但在历史的长河中，现在日中韩间的紧张关系和存在的问题，恐怕也不过是鉴真和尚东渡时海上泛起的一点微波。

携手推进三国合作

2015 年 4 月 3 日

我们所处的东北亚，是全世界经济社会发展最具活力的地区之一。而且，日中韩三国都具有以下特点：一是教育水平较高，国民勤奋且富有创新意识；二是在悠久的历史和传统中形成稳定社会；三是为了国家繁荣发展，政府信念坚定、方针明确。当然，三个国家政治经济、社会体制各有不同，也都面临各种挑战。尽管如此，各国发挥各自优势，不断取得新的成绩。中国实现经济腾飞，韩国跻身发达国家并保持增长，日本已处于成熟阶段但仍存在许多经济问题。放眼全球，可以说日中韩三国处于极其繁荣、稳定的环境，这点毋庸置疑。

此外，日中韩三国由于历史、地理原因，在传统、宗教、民族、文化、文明等方面拥有许多共通点。举个简单例子，我们都使用汉字。当然，韩国现在使用的文字是谚文。人类正因为使用语言，才成为拥有自我意识和思维的万物之灵长。语言不论在人类学层面，还是历史层面，都对一个国家、一个民族的思想和文化有巨大影响。

纵观过去 2000 年历史，日中韩之间的关系都曾面临困难局面，但总体而言，三国相互积极影响，通过交流相互提高，保持着共存关系。

但坦率地说，近年来，三国关系发展并不顺利。三国民间交流呈现蓬勃发展势头，举例来说，日本的旅游景点或是东京的商场里，中韩游客络绎不绝。此外，贸易投资等领域的经济交流也十分活跃。但另一方面，由于历史、领土等问题，政府间摩擦龃龉不断。

日语中常说一个词叫“政冷经热”。民间交流、商贸往来活跃，大家都想发展互利共赢的关系，而国家层面，也就是政府之间因为各种政治外交问题摩擦不断，这无异于给三国关系发展泼了一盆冷水。

我认为这种情况的出现有两大背景。

一是东北亚国家的力量格局变化。

中国的国力增强是最主要因素之一。另一方面，美国在国际社会的影响力相对下降，日韩社会进入少子老龄化阶段，经济上也从高速增长转入稳定增长阶段，上述因素都构成了这一背景。

与人与人之间的关系一样，随着各自发展和力量变化，各自的行为方式和彼此的关系也自然会产生变化。而这样的变化有时会让彼此不安，让国家之间的关系产生动摇。因为人类的本能是偏好于维护既有的秩序和稳定。

二是外交问题内政化。

在日中韩三国之间，双边外交问题容易被当成内政问题处理，给国内政治及舆论带来很大影响。特别是在历史认识问题、领土问题、海洋权益方面，各国舆论和国内政治反应过度，“外交问题”某种意义上变成“内政问题”。各国政府在难以让国内信服的情况下，只得向对方政府采取强硬态度。而对方国家的舆论又会对此反应强烈，使对方国家政府也会采取强硬立场，导致恶性循环。

有这样一则寓言，说的是“刺猬如果挨得太近，就会彼此刺痛”。日中韩三国历史渊源深厚、地缘相近，相互依靠、共同生存是我们的命运。但现在，三国似乎正彼此伤害着对方。

外交领域有这样一句箴言：“一国领袖不能被舆论煽动。同时，也不能煽动舆论。”我想，我们应细细品味这句话的真意。

放眼全球，事实上，国内舆论或国际舆论在很大程度上影响着各国政府的外交政策。对于各国领导人来说，遵循这句箴言的难度或许比以前大了许多。但是，为了打破刚才所说“恶性循环”，消除互不信任，为了日中韩放眼未来、加强合作，共同维护繁荣稳定，现在正是日中韩三国领导人发挥外交领导力的时候。回顾日中韩合作历程，可以说三国合作始于 1999 年在马尼拉举行的三国领导人早餐会。当时，时任日本首相的小渊惠三正是抱着推进三国合作的强烈愿望。

2008 年，日中韩领导人会议首次举行，我也怀着同样的强烈愿望出席会议，这种愿望和中韩两国领导人的想法完全一致。我记得，设立三国合作秘书处的提议，就是在讨论过程中由当时的李明博总统提出的。尽管对部门以及人员设置有过意见分歧，但经三国领导人一致同意，这一设想最终得以实现。

如各位所知，2012 年 5 月以来，三国领导人会议一直没有举办。对此，我感到十分担忧。不过，在各国外交部门努力下，去年 11 月亚太经合组织领导人非正式会议在北京举办时，安倍首相和习近平主席首次举行了会谈。而且就在两周前，三国外长会时隔近 3 年再次举行。尽管日中韩领导人会议还未显现重启迹象，但如果用池水比喻三国关系，可以说，虽然池中心还处于冻结状态，但临近岸边的冰已渐渐融化。根据担任首相的经验，我相信，只要三国领导人有强烈的政治意愿和远见卓识，必将开启合作新篇。

我期待日中韩领导人展现出远见卓识和强大领导力。此外，为推进和加强三国合作关系，我提出以下四点建议。

第一，毫不动摇地继续打造日中韩三国对话与合作的制度框架。刚才我提到东北亚的力量格局变化，人们往往仅从“力量”这个视角理解国际关系，因为对于孰强孰弱的讨论，即使是小孩子也很容易明白。

国家间的合作制度框架有利于摒弃力量差异或变化，加强各国间的联系和信赖关系，就像欧盟之于欧洲或是东盟之于东南亚那样。

目前的三国合作，虽然有长期保持合作的领域，比如1999年开始的环境领域。但许多领域仍处于起步阶段，有的仅停留在信息交换层面。日中韩三国的制度机制有很大差别，如要建立共同的制度机制，我们还需不断努力。建立规避金融市场风险的机制，加快促进贸易投资的自贸协定谈判，我们应将这两点作为三国合作的双轮驱动。

第二，推进加强日中韩人文交流的合作项目。三国间的旅游、商务人员往来十分密切，但是，受日元贬值等因素影响，从日本前往韩国或中国的人数正在减少，令人担忧。只有面对面的交流，才会增进相互理解，扩大人员双向交流非常重要。

除旅游、商务人员往来外，推动媒体人、精英阶层及青年交流也十分重要。媒体人和精英阶层对本国舆论有很大影响，青年肩负着三国未来。这不能仅靠市场机制下自然产生的人员流动，各国政府要积极采取激励措施，扩大交流。希望三国合作秘书处能在这方面发挥协助作用。

第三，三国合作不要停留在经济和人员交流，应扩展到互信关系的建立和安全领域。虽然有句话说的好，“通过贸易建立友情，也就是建立不会发生战争的关系”，但欧盟和东盟已从经济合作向各国间合作、市场一体化发展，最近正在深化政治及安保领域的合作。

纵观东亚，多个安保对话框架已建立起来，如东盟地区论坛等，起到了增进互信的作用，但日中韩之间除三国外长会及外务省（外交部）间的政策对话外，尚未建立政治以及安保对话框架。

从各国政策看，日本想将东亚峰会作为本地区主要的安保对话框架，韩国正在推进东北亚和平合作构想，中国正在推动上海合作组织和亚洲相互协作与信任措施会议，三国的政策指向各有不同。

尽管有人认为，在三国间信任关系尚不牢固的情况下，讨论安保领域合作很困难，不过冷战时期分为东西两个阵营的国家间最终达成赫尔辛基协议，考虑到这样的先例，东亚也未必做不到。即使目前政府之间不可能，也应先尝试探讨建立类似 1.5 轨对话或二轨对话的机制。

第四，也是最后一点，在推进日中韩三国合作方面，推进与其他国家和地区尤其是东盟各国的合作很重要。

三国合作是一个大目标，与此同时，我们应将三国合作作为实现更大的东亚共同体的里程碑，日中韩三国应拿出发挥领导作用的气魄。实际上，在东盟与日中韩（10+3）框架下，更广泛的务实合作正在推进，这等同于甚至某种程度上超过了三国合作。

比如，金融领域的“清迈协议”及 10+3 大米紧急储备机制等。虽然在 10+3 背景下，从现实来看，竞争仍然大于合作。但是，如果连携手合作的努力都没有，那么从长远看三国及东盟合作也无法顺利开展。

最后，我想谈一下这次论坛的主办方三国合作秘书处。

该秘书处的成立是领导人层面自上而下的决定。三年半多以来，秘书处作用不断扩大，其重要性受到三国广泛认同。即使各国政府换届，秘书处也保持运转，这正证明了三国合作的必要性。

在推动日中韩合作的过程中，语言是一个障碍。今天的会议使用了 4 国语言同声传译，但通过翻译进行交流还是有局限性。如果三国间能互相学习对方语言，即使难以流畅表达，但至少能听懂对方说了什么，这将对增进相互理解大有裨益。在这一点上，我对三国年轻一代抱有很大期待。

在由我担任共同议长的日中韩名人会上，大家达成一点共识：请学者们选出 808 个日中韩三国共用常见的汉字，以使其成为推动三国交流的工具。希望借助媒体和三国合作秘书处的力量，宣传、普及这 808 个汉字。

东亚共同体，目标在何方

2015 年 3 月 28 日

“东亚共同体”的提出和发展

“东亚共同体”这一满怀梦想的说法大概是在我担任首相期间的 2007 至 2008 年提出的。

回顾那时之前东亚框架之下的区域合作，我想到的有以下举措：

· 在 1998 年举行的东盟与日中韩（10+3）领导人会议上，时任韩国总统的金大中提出有关构建“东亚共同体”的设想。描绘东亚区域合作未来愿景的想法由此开枝散叶。

· 受到亚洲货币危机冲击，2000 年，东盟与中日韩签署了一项区域性货币互换网络的协议，即“清边倡议”。

· 2005 年，来自东盟与日本、中国、韩国，加上印度、澳大利亚和新西兰与会的东亚峰会首次召开。

· 2007 年，我出席了当年的东亚峰会。与会各国在此次峰会上一致同意成立东亚东盟经济研究中心（ERIA）。亚太地区成为全球经济增长中心的进程中，一定需要一个发挥如同经济合作与发展组织（OECD）作用的机构。因此我提议成立 ERIA。

在我任首相期间以及之前的那段时期，以构建“东亚共同体”为目标的多重区域合作机制逐渐形成。如，以东盟为中心的东盟与日本、东盟与中国等“东盟 +1”自由贸易协定、经济合作协定；东盟与日中韩（10+3）领导人会议；“东盟 +6”的东亚峰会等。

此后出于种种原因，构建“东亚共同体”的步伐略有放缓。即便如此，始于“清迈倡议”的区域金融合作仍在推进，由“东盟 +6”参与的 RCEP 谈判也在进行。

如何认识“东亚共同体”

2007 年，我在主题为“亚洲的未来”的国际交流会议上发表过题为“太平洋成为‘内海’之日——共赴亚洲未来五个约定”的演讲。

其主旨大致分为两个。

第一，日中韩三国共同以全球视野展开合作的重要性。就是说，日中韩三国对亚洲乃至世界共同肩负责任。基于这种认识，三国必须要面向未来，开展合作。

第二，以长远思考为基础，必须透过太平洋这个多棱镜审视亚洲的未来。

需要做一点补充说明。

近 40 年前的 1977 年，日本提出针对亚洲的外交原则，此后被称为“福田主义”。其核心内容包括：第一，日本不做军事大国；第二，与各国建立心心相通的关系；第三，与各国成为对等的伙伴关系。即，日本与亚洲其他国家应该是分享利益、共担问题的“同事”般的关系。

我认为日本与亚洲其他国家所要构建的正是这样的关系，别无其他。从这个意义上讲，“福田主义”在现在仍未过时。

40 年前，亚洲大多数国家的国民收入为 300~700 美元。之后，亚洲经济取得飞速发展，现在许多国家已成为中等收入国家，有的则已进入发达国家之列。

那么自问一下，今后的三四十年，也就是到了2050年左右，世界又会变成什么样子？以太平洋为“内海”的各国连通成网，发展向前——这是我构绘出的亚洲样态。

这个内海，是日本、中国、韩国、东盟、澳大利亚、新西兰的内海，也是由此延伸，经过印度连结中东各国的内海，也是南北美洲各国的内海。

我提出，将太平洋视为内海，让太平洋成为真正的“内海”，我们应怀此胸襟展望亚洲的未来。这个想法到现在也没有改变。

亚太国家在对世界各国的开放中发展起来。周边国家愈加富有，人、物、财、识在变太平洋为内海的大势之下融通纵横。朋友们，我们正处于这样的时代和环境之中。

我认为，今后我们更要推动经济合作，让生产和流通网络发展得更加势不可挡。为此，亚洲各国应与美国等国家一起共同出谋划策。

21世纪是亚洲的世纪

亚洲发展牵引世界经济。支撑亚洲发展的则是在变太平洋为内海的势头之下壮大发展的联系网。不过这个网络不会自然形成。太平洋成为内海，把太平洋变成内海，亚洲各国以这一广阔视野参与到区域网络的构建中来。为此，各国必须增强实力，营造必要的环境。

我们要构建亚太自由贸易区（FTAAP），必须进一步扩大人、物、财、识的流通，促进亚洲的发展。

为此，我们要推动东亚经济合作，着力解决亚洲各国在经济发展过程中面临的诸如基础设施建设、贫富差距、环境问题等课题，同时，我们要加强应对传染病、灾害、恐怖活动、人口贩卖、海盗等涉及人身安全问题的合作，我能还要进一步推进教育、科技、文化、体育等领域的交流。这其中，最为重要的是亚太各国和地区的人们建立互信，共同前进。

建立信任关系

第一，支持东盟。

东盟在地理上处于“太平洋网”的关键位置，同时作为重中之重发挥着亚太区域合作的核心作用。我们的全部利益系于东盟的稳定与繁荣。以日中韩为首，东盟 +10 的伙伴国要进一步支持东盟在统合方面做出的努力。

东盟共同体将于 2015 年底得以实现，但东盟要取得进一步发展，还面临消除区域内贫富差距、广域的基础设施建设等问题。东盟的许多国家今后若要跻身发达国家之列，则需要推进人才培养、基础设施以及完备社会安全体系等方面的建设。

那么东亚各国应如何推动合作？我想东亚东盟经济研究中心可以作为智库充分发挥作用。

第二，中国作为世界第二大经济体发挥作用。

目前，中国正在逐步谋划从高速增长向中高速增长的经济结构转型。中国经济带动东亚经济整体发展的同时，建立更为开放的对外经济体制，在面向区域构建东亚共同体的行动之中尤为重要。

第三，提倡防灾抗灾外交合作。

2004 年的印度尼西亚亚齐海啸，2011 年的东日本大地震，海啸、台风、大地震等大规模自然灾害在亚洲频发。

为提升灾害应对能力，东亚以及亚太地区各国推进防灾领域的合作极为重要。

第四，注力青年交流。

培育硬件基础，加强亚太地区知识阶层交流、同龄人群交流是一切合作的必要前提。我曾提出过“留学生30万人计划”，已实施的“亚洲校园”项目也正在进行中。我们要进一步加强交流，培养互信。

第五，美国是亚太地区最重要的成员之一。

当今亚洲仍存在不稳定、不确定性因素。我们要创造拥有明朗前景的亚洲，风险低、稳定安全的亚洲，各国零障碍进行贸易和交流的亚洲。为此，我认为美国作为亚太地区的伙伴，与之开展密切合作十分重要。

第六，加强全球变暖、气候变化方面合作。

亚洲业已成为世界最大的经济增长中心。但同时，也正在逐步成为世界最大的温室气体排放中心。在应对全球变暖、气候变化方面，我们同样必须携手合作。

第七，以东盟为核心、推进包括日中韩美在内的东亚各国间的信任关系的建立，在政治外交、安保方面加强合作。

在区域框架下，增进互信的机制已经开始构建，但东亚仍存在各种紧张因素和尚未解决的问题，任重道远。

“通过贸易建立了友情，就等于建立不会发生战争的关系。”正如这句话所说，应进一步努力推进，把以投资、贸易为首的经济层面的合作加以延伸，推动政治层面合作的进一步加强。

正如40年前谁也无法预测当今世界一样，40年后会变成怎样的世界，我们同样难以预知。

凡事都有正反两面，今后扰乱亚太地区秩序的风浪还会不时出现吧。为了战胜风浪，创造和平繁荣的世界，创造人人都可以享受和平繁荣的世界，信任至关重要。

我们要建立作为同事、同伴相互信任，携手合作的关系。

为此，互学互鉴和相互启迪，正是对今日亚太的要求。

东亚共同体的意义正在于此!

东亚是多元的世界，把各种意见都汇集起来并非易事。这其中，创始于中国的博鳌亚洲论坛正是凝聚区域内各方代表智慧贤能的平台，必将为我们构建东亚共同体作出巨大贡献。

中国崛起为亚洲带来良机

2019 年 5 月 14 日

中国举办亚洲文明对话大会为亚洲各国不同文明之间提供了交流互鉴的平台，是推动亚洲国家之间相互理解、相互尊重、相互信任、互相借鉴、互利共赢的一次有益的尝试。

“一带一路”倡议是超越了单纯与中国利益相关的大格局思维，是构建人类命运共同体的体现与实践，是非常具有远见的倡议。日本完全赞同中方所提出的人类命运共同体理念，也正在不断去深入了解“一带一路”的内容，争取在能合作的领域与中国进行深入合作。

人类命运共同体的概念，就好比世界上所有人都在一艘名为“地球号”的轮船上，所有人风雨同舟，拥有共同的方向和目标，要确保大船平稳前行，就要各方携起手来面对各种困难和挑战。目前全球面临人口、资源、环境等问题，亚洲也不例外，亚洲国家也需要携起手来，通过互相借鉴和对话，促进这些问题的解决。

亚洲文明对话大会的主题是“亚洲文明交流互鉴与命运共同体”，与会的中外领导人和国际组织的负责人将围绕文明交流互鉴进行交流探讨、共商亚洲文明发展大计。除了大会论坛之外，还将举办亚洲文化嘉年华和亚洲文明周活动。这对亚洲国家来说是一件幸事。文明的交流互鉴是推动人类文明进步和世界和平发展的重要动力，世界范围内很多问题的解决，需要协商与对话，而非对抗与冲突。中国举办亚洲文明对话大会，为亚洲各国不同文明之间提供了相互了解的机会。整个亚洲就像是一个大家庭，大家聚在一起，了解彼此的想法，共同协商解决一些问题。

从沟通的形式上来讲，面对面的沟通效果最好。大家可以把自己的一些构想和见解清晰地表达出来，推动一些问题的解决。尤其是最近一段时间，世界上部分地区出现了反全球化和地方保护主义的倾向。在这样的大背景下，举办这样的对话大会就显得意义更加重大。它是推动亚洲国家之间相互理解、相互尊重、相互信任、互相借鉴、互利共赢的一次有益尝试。

日中关系不仅在亚洲非常重要，在世界范围内也非常重要。两国的发展不仅仅是各自的发展，而是要通过汇聚两国力量惠及整个亚洲，最终给全世界带去积极影响，这是全亚洲，也是世界对日中关系的期望，也是中国和日本在亚洲肩负的使命。日中友好既是两国人民的长久渴望和根本需要，又是亚洲国家和人民的殷切希望。日中关系可以成为推动亚洲地区和平稳定，创造更好关系的一个样本。

具体到亚洲文明对话大会的大背景下，日中之间加强交流与对话，相互借鉴，共同提高，也具有非常重要的现实意义。近年来，日中关系呈现出良好的势头，这种好的局面要持续坚持下去，要珍视保持和推进中日关系重回正轨并且渐渐改善的好势头。就好比夫妻关系很好，即使是夫妻，你们也会各自有各自的想法。那么，有时你和对方的想法不一样，也还是要互相体谅对方，这样就可以在一起好好过日子。不是说，两口子一有分歧，就要闹离婚。况且，日中关系经过几十年的发展，双方你中有我，我中有你，谁也离不开谁，如果没有对话和相互谅解，谁也不能从中得到好处。所以说，日中关系是合则两利，斗则两害。

中国和日本可以在很多方面展开深入合作。比如，之前中国主导设立亚投行，将资金集中用于发展中国家的基础设施建设，促进亚洲一体化发展，中国是在响应发展中国家的期待。在很多国家看来，没有比这更好的提议了。亚洲已成为世界经济发展的中心和火车头。中国和日本作为亚洲最大的两个国家，应该携起手引领亚洲走向繁荣。日本之前在操作亚洲开发银行时，借鉴了世界上其它国家的经验。中国牵头成立亚投行，日本可以给中国提供很多好建议，让亚投行发展得更好。

日本欢迎一个稳定、繁荣的中国在亚洲崛起，这对日本来说也是机遇，在日本国内，越来越多的有识之士也认识到这一点。日中之间要切实增强政治互信、大力发展全面合作、传承和弘扬亚洲文明。

儒学理念为世界和社会解开迷惑、带去光明

2021 年 12 月 17 日

亚洲人自古以来就很注意妥善保管并使用物品。然而二战结束后，以美国为中心的经济发展使情况发生了变化。美国打着“自由竞争”的旗号生产大量廉价商品并怂恿人们购买，形成了这样一种经济社会。

无论喜欢与否，我们每天都生活在这样的经济社会中。

毫不夸张地说，全球气候变暖就由此产生，而且气候变暖显然也不是某个国家自己的问题。从这个意义上说，世界就是人类命运共同体。不久前，中国发布了文献《中国共产党的历史使命与行动价值》，提到一个观点，即生态文明和人类命运共同体等理念基于亚洲共同的智慧。

现在，我们需要凝聚智慧来诠释这一理念。

新冠疫情蔓延之下，国际关系越来越复杂多变。在此背景下，我们要重视对话和交流。

中美关系所面临的问题已成为影响世界的最大问题。日中关系存在的问题也有重大影响。当然，阿富汗问题和缅甸问题也很严峻。这些并非仅靠一个国家就能解决，必须汇聚多边智慧和平解决。

2008 年，胡锦涛主席和我共同签署了《日中关于全面推进战略互惠关系的联合声明》，其中写道：“双方一致认为，两国对亚太地区和世

界的和平、稳定与发展有着重要影响，肩负着庄严责任。”日本和中国应继续推进这一共识，对我们建立一个怎样的世界，加深共同理解。

我相信，诞生于2500年前的儒学理念可以为当今纷繁复杂的世界和社会解开迷惑，带去光明。

第四章

和平发展　命运共同

基于人类命运共同体的基本理念

2018 年 4 月

博鳌亚洲论坛汇集了全球活跃人士，是展现“开放的亚洲”的绝好机会。这其中自然要数中国最受瞩目，全世界关注的焦点汇聚在中国的发展动向之上。

在中国共产党第十九次全国代表大会上，习近平主席提出要构建“新时代新型国际关系”。而构成这一新型国际关系的基本理念，习近平主席将其表述为“人类命运共同体”。他指出：“在谋求本国发展的同时，还要促进周边各国共同发展，谋求全世界的幸福，中国将担负起使命推进人类命运共同体事业发展”。在提出基本理念的同时，习近平主席还提出了关于国际关系新阶段、新型国际关系等具体的策略方案。

中国提出“一带一路”这个匠心独运的提案，各国已经开始商议如何将其具体化。实现“一带一路”倡议的基础正是人类命运共同体。我认为没有这一理念，“一带一路”难以推行。

“一带一路”倡议的实现并非易事。然而，通过中国为实现这一构想所展开的思考与行动，今后中国在外交关系和国际社会中的地位，以及中国立场将得到很好的展现。

在世界的舞台上开展合作

2015 年 10 月 26 日

东京—北京论坛的中方主办方从过去的中国日报社变成中国国际出版集团，我一直非常了解这个论坛，它对日中关系的稳定发展作出了很大的贡献。我在此对论坛今后取得更大的发展寄予很大的期待。

现在很多中国朋友到日本访问，两国国家的国民直接地进行接触、交流，能够改变日中两国对于对方的认识和看法，这是一个事实。同时，通过互联网等新的方式，年轻人的声音也不断发出，而且年轻人之间的交流也已经开始了。国民层面的相互交流今后还会进一步扩大，这是一件十分好的事情。但是，交流得到扩展，并不见得马上就能够对对方产生好感，这是人之常情。我们应该认识到存在着一些局限性，但是，如果持续努力，最起码就能够减少那些因为不了解对方而产生误解、抱怨的情况。在此之前，从我们的经验之中也可以看出来，日中之间的政治关系会对两国国民之间的看法带来非常大的影响。正因为如此，两国的政治层面上不应该发出一些负面的信息。之所以这么说，因为它会对两国国民的意识带来负面的影响。两国政府之间现在仍然存在着一些悬而未决的问题，首脑之间的交流也是有限的，令人振奋的信息还比较少，我想这也是两国从整体上来说不能够再向前迈出一步的原因之一。两国政府尤其两国的首脑应该基于大局，尽早让日中关系返回到正常的轨道，这是时代的要求所在。

为什么日中政治关系必须改善？因为日中关系对亚洲以及世界的和平稳定及发展十分重要，让日中关系稳定，并且使两国的合作关系得到发展，这是我们对于亚洲和世界应该承担的义务。去年，在我参加第十届东京—北京论坛上谈到了这样一句话："聪明人从历史中学习，愚蠢的人从经验中学习。"这是一句有名的古话，我再次谈到了从历史学习的重要性，其实我也谈到了战前和战后日本的历史。日本之所以经历一些失败，是因为日本陶醉于一时的成功，变得自傲、自大，而且只考虑自己，看不到世界的全局，就出现了问题。为了不再重蹈覆辙，我们应该客观、科学、持续地从历史中学习，这是十分重要的。我们从历史的角度去把握事物，就能从大局把握世界的全局，这是十分重要的历史观、大局观。

我们来看一下全球的情况。现在中国经济的情况牵动着全球的神经，大家都在定期关注美国的利率什么时候上调。中国经济增长放缓带来了全球资源价格的下跌，而且现在已经对新兴经济体和发展中国家的经济带来了比较大的影响：像阿富汗、伊拉克、叙利亚这些国家由于统治秩序的崩溃，恐怖主义势力抬头；欧洲迎来了难民问题。如果国家失去治理能力，就会产生许多悲剧。另外，由于气候变化的影响，全球范围内极端气象不断出现，自然灾害频发，很多人身受其害。为此需要多少能源？会对环境带来多大的破坏和影响呢？想到这点，让人不寒而栗。全球面临着诸多跨越国境的人类共同的问题，我们没有时间互相仇视，尤其日本和中国是世界两大经济大国，如果互相仇视，实在是荒唐可笑。我们应该认真地对待面临的课题，开展合作，这是时代的要求，是理所应当的。日本和中国或者韩国，我们让全球的人看到了我们互相仇视的姿态，这实在没有必要。我们不要再做这些事情，我们自己的问题自己来解决。

我们应该通过合作来解决人类共同面临的课题，应该把我们合作的姿态展示给全世界。东亚地区到底有怎样的理念？目标是什么？我们要向世界看，不应该着眼于眼前狭隘的自己国家的利益，而应该是着眼于大局，从长期的角度出发，向全球展示我们的愿景。东亚地区所追求的理念，我们这次的舆论调查非常好地反映出来，我们国民的愿望首先是和平，日本和中国受访民众中 70% 和 60% 都希望和平，接下来是合作和发展。日中受访群众之中，大概 40% 都希望和平与合作，和平与合作发展是我们应该共同秉持的理念，而且也应该是我们的目标所在，而且这也是两国国民所期待的。在这方面，日中两国能够做的事情是无穷无尽的。我们应该坚持一个基本的姿态，也就是要秉持东亚国家应该坚持的规则，并且制定这样的规则。

中国正在走向法治国家，我们对于中国付出的努力和采取的正确的政策、推行的措施给予高度评价，并且积极支持。无论是哪个社会，包括国际社会在内，都应该把自己所遵守的规则予以明确，然后采取行动。日中两国关系应该是在全球范围内发挥作用的、大有可为的日中关系。

人类共同伦理及其黄金定律：己所不欲，勿施于人

2016 年 7 月 1 日

很多日本人都知道，日语中的“智者不惑”“一日之长”“四海兄弟”等四字词语出自《论语》。自古以来，这些充满智慧的表达就连同其他中国古典名著被日本人广泛接受和认可，逐渐演变为日语词语。对于汉字文化圈以外的地域而言，仅以《论语》为例，大概广为人知的词语要首推“己所不欲，勿施于人”了。因为在其他文明圈的经典著作中也有类似的表述。由此可见，“己所不欲，勿施于人”所蕴含的意义和价值已经跨越了地域和人种，得到广泛认同。

“己所不欲，勿施于人”这一黄金定律产生于 20 世纪 80 年代冷战格局割裂世界的时代。日本前首相福田赳夫与德国前总理赫尔穆特·施密特鉴于两国惨痛的历史代价，挺身而出，引领各国政要于 1983 年组建了国际行动理事会，旨在促进和平对话，推动国际关系和社会朝着更为健全的方向发展。OB 首脑峰会一致通过了 1997 年发表的《人类责任宣言》，旨在归纳整理在全球具有普遍意义和价值的伦理规范，形成宣言文本。而支撑全球伦理规范的核心“关键词”就选用了“己所不欲，勿施于人”。鉴于这个词语蕴含的智慧经历过数千年的历史验证，悄然润泽着地球连绵的生态，《人类责任宣言》把它誉为“黄金定律”。

OB 首脑峰会创立 30 余年来，每年都定期在五大洲的重要城市召

开会议。30 余名各国前政要共聚共议，探讨如何解决政治与地缘政治学、经济与金融、环境与开发等全球性公共课题中的棘手问题。

在全球通商与政治国际化飞速发展的过程中，人类伦理这一指标往往容易被忽略。我们认为，世界主要宗教间相通的共识性伦理内容能够为确立全球公共伦理提供有力的理论支撑，且势必对包括经济在内的各个领域和人类活动产生影响，为世界和平做出贡献。而《世界人类责任宣言》所树立的伦理价值将发挥引领作用，因为其核心价值——“黄金定律”势必融汇东西各方。我们认为，人类的责任与人类的权利没有表里之分，在享受人权的同时必须采取负责任的行动，而不负责任的行为必将泯灭人权。

21 世纪的到来，让世界前所未有地寄希望于全球公共伦理的力量以解决多种现实问题。遗憾的是，眼下我们很难从政府主导制定的政策决策中读出伦理规范的概念。因此，接受共同价值规范的约束，守住最基本的道德底线，是时代精神的要求。

2014 年 3 月，我们在 OB 首脑峰会的诞生地维也纳举办了以“政策决策中的全球公共伦理”为主题的会议。我们反复着重探讨了道德的价值与自身利益的关系、基于伦理的人类智慧能否真正应用于和平公正的世界建设、经济和科学技术的发展走向与伦理观念的作用等话题。

对话推动了文明进化，真诚的努力促进了不同文化间的相互理解。让我们以“己所不欲，勿施于人”共勉。

“一带一路”是正确选择

2017 年 5 月

“一带一路”是正确选择

全球化为世界经济发展提供了必要的架构，随着国与国之间互通交流的门槛降低，人、财得以自由往来，从而提升出更大的利益空间。不必说贸易的全球化，人文交流的全球化也使得世界经济整体水平得到自然提升，这是一种很好的倾向。

我认为全球化与“一带一路”有许多共通之处。推进全球化，不能只追求本国利益。如果不考虑他国，自己很难得到全球化的红利。“一带一路”的理念是“共同发展”，这一构想与全球化的道路相向而行。我认为当今时代，中国提出“一带一路”的构想，是一个正确选择。

全球化是“一带一路”构想的具体化体现，无论哪个国家都以建设生活富足的社会为目标。我认为，作为倡议者的中国，应该也必然扮演引领“一带一路”的领头人角色。

中国发展迅速，成果卓著，此时提出“一带一路”和亚洲基础设施投资银行（AIIB）正逢其时。经济发展，人民生活水平大幅提高，但是中国不可能一国独大，周边国家同样需要完善推动其发展的制度，完备基础设施建设。中国推行改革开放，到了 20 世纪 90 年代后期，中国取得了飞速发展。我认为如果没有政治的安定，这些成就无法实现。

为共同进步担起领头人角色

中国经济活力的确令人瞠目结舌，而在我们看来，这个发展的速度是不是有点太快了？与其说中国走在发展的道路上，不如说是奔跑疾行。我想，接下来中国经济会步入稳定期而减速发展。正因为中国是大国，点滴动静也会被视为惊天动地的大动作。可以说，支撑稳定的正是“一带一路”和 AIIB。中国变强了，却并没有让其他国家臣服追随，而是开始有了“同他国一起共同成长”的责任感。我对此给予高度评价。在此次“一带一路”国际合作高峰论坛上，希望中国能向参加国和地区的代表充分表达这份责任感。

此外，骚乱与纷争是造成政局不稳的重要因素，也可借此场合，共同讨论一些避免纷争的方案。为了使得各国享受到全球化的成果，就必须要避免纷争，希望中国能在这一方面也能起到引领带头的作用。也许有人会说这并不是“一带一路”的工作，但我认为，全球化的终极目标就是回避纷争。真心希望中国利用国际合作高峰论坛的场合向世界宣言，中国将为实现这一目标发挥作用。

日本经验不只于技术

这几年日本人对华意识恶化已经成了问题。我想这是由对中国急速发展的震惊，并不知该如何应对的心理引起的。所以，对于突然强大了的中国，他国就会希望中国能够更加有意识地照顾他们的想法，在行动上多考虑他国的反应。

20 世纪 80 年代，日本经济高速成长时期就有过失败经历。被美国认为傲慢自大，日本却不自知还做反抗，结果日美关系陷入低谷。还有20世纪70年代，日本企业进军东南亚市场，结果却勾起当地人二战时被日军占领的记忆。由于经济增长让邻国感到恐惧，现在中国的状况和那时有些相似。只是当年“让人恐惧”的日本换了角色，邻国的成长让自己不知所措了。

20世纪70年代，东亚各国对日感情恶化之时，日本承诺“不做军事大国”，呼吁“构筑心灵相通的关系”。同时，增加ODA贷款投入当地基础设施建设，设立亚洲开发银行，获得了当地国家的理解。这些都是日本的经验，可供借鉴。当中国能够妥善处理这些情况的时候，必能成为真正的大国。“一带一路”、AIIB，正是中国向真正大国迈进的一步。

发展日中关系的新契机

如果日本和中国总是吵架，那么两国本应在许多方面发挥的区域引领者作用将无从谈起。当前，构筑两国紧密关系，推动两国关系向前发展，开创两国的新时代，这的确需要一个契机。

“一带一路”完全有可能成为这个契机，而且它也必须发挥这样的作用。现在，日中青年的交流和相互理解正在不断深化，大批中国游客和留学生来到日本，特别是留学人员之多，据说赴日留学者中半数以上来自中国。乘上这一良好势头，“一带一路”何不作为催化剂，为两国关系发展增添动力呢?

经济方面亦是如此。日本企业面向中国的产品大体实现了当地生产。一个3000人规模的工厂只有5名日本人，其余劳动力全部依靠本地人，这样的事例已不新鲜。我认为中国人已经完全掌握了近代制造业的诀窍。

在日本，供给大企业使用的小零件大多出自中小企业。这些技术是他们长年累月集大成之所在，也是日本中小企业最强的竞争力和“工匠精神”的体现。我们以寿司师傅作为“工匠精神”的代表，看看他们怎样工作。比如切生鱼片，这样一个看似简单的动作，却要花上几年时间练习。习得真正的技术，本就需要长期过程，我想在中国也是同样的。

我想，眼下中国到了该考虑把技术转化成产品的时候了。“一带一路”沿线国家的发展速度不是很快，希望中国能多少放慢脚步，照顾一下他们的节奏。

值此日中邦交正常化45周年之际，我祝愿中国继续保持稳健发展，日本也会向着发展的目标继续努力，希望两国彼此和睦相处，互帮互助。

人类命运共同体理念让全人类受益

2018 年 4 月 9 日

人类只有一个地球，各国共处一个世界。国际社会日益成为一个你中有我、我中有你的命运共同体，面对世界经济的复杂形势和全球性问题，任何国家都不可能独善其身。

习近平主席提出的人类命运共同体理念旨在让全世界所有人都幸福。“一带一路”建设便是一项具体行动，通过促进各国合作，实现共赢共享发展。“一带一路”建设以共商、共建、共享为原则，让所有参与国，乃至全世界都能从中受益，增进所有国家人民的福祉。从这个意义上讲，“一带一路”是具有跨时代意义的、非常了不起的倡议。作为邻国，日本理所当然应该加入到“一带一路”倡议之中，并与中国合作一起造福各国人民。

习近平主席提出的人类命运共同体理念、“一带一路”倡议、新型国际关系理论是紧密相连的有机整体。随着中国不断发展，我一直期待着习近平主席就国际关系发表清晰明确的看法，令人高兴的是，他提出了新型国际关系理论。倡导相互尊重、公平正义、合作共赢的新型国际关系理论贯穿了人类命运共同体理念，以实现持久和平、共同繁荣的人类梦想作为最终目标。对于习近平主席提出的新型国际关系理论，我举双手赞成。

如今，中国在很多领域进步飞速，直逼美国，令美国颇有压力感。

这与日本曾经经历过的情形非常相似。20世纪80年代，日本对美国有很大的贸易顺差，在被迫与美国签订“广场协议”后，日元在短时间内迅速升值。这种剧烈变化也对日本的市场、产业、经济等各个方面产生了巨大的负面影响。中国应该吸取日本的惨痛教训，提高警惕，谨慎行事。

现在中国不仅对美国，对很多国家都有贸易盈余。这说明中国在全球化体系中发展得很好，说明中国企业抓住了全球化的本质，获得了利益。全球化是什么？全球化就是以低的价格生产质量好的产品。各国人民都喜欢物美价廉的产品，能生产物美价廉产品的国家贸易盈余自然就会增加。如今美国的贸易赤字，一部分原因就是中国物美价廉的商品深受美国人民喜爱。在深受贸易赤字困扰的同时，美国更应该反省的是本国的生产模式。

贸易保护主义的危害和自由贸易的重要性不言而喻。当前，世界各国都非常担心贸易保护主义抬头的倾向。中国和美国早已是密不可分的合作伙伴。美国有很多产业依赖从中国进口的产品，与此同时，美国也有诸如农业等不少严重依赖中国市场的产业。特朗普政府急于求成，采取贸易保护主义措施，可能暂时缓解美国的贸易赤字，但如果不改变美国的产业结构，就无法从根本上解决贸易赤字问题。相信美国国内会有越来越多的声音要求特朗普政府停止目前的贸易保护措施，美国政府应该及时进行政策调整。

中国的不断发展，给世界各国带来了大量发展机遇。与此同时，也有一些国家对中国强大后会走向何方表示担忧。在关键时刻，习近平主席提出构建人类命运共同体、新型国际关系，向全世界宣示了中国坚持走和平发展道路的决心——中国无论发展到什么程度，永远不称霸，永远不搞扩张。习近平主席的外交思想对于打消国际社会的担忧具有重要意义。

去年 10 月，习近平总书记在中共十九大发表了非常精彩的报告，不仅为中国未来发展提明了方向，还为解决世界问题贡献了中国方案。国际社会希望能进一步听到中国的看法与主张。相信通过媒体的客观准确报道，世界各国将会越来越了解中国。

期待“博鳌”充分激发“亚洲力量”

2018 年 4 月 6 日

博鳌亚洲论坛 2018 年年会于 4 月 8 日开幕。本届年会的主题为“开放创新的亚洲，繁荣发展的世界”，论坛设置了“全球化与一带一路”“开放的亚洲”“创新”“改革再出发”四大板块。我想针对论坛相关议题及对于博鳌机制的期待，并就中国改革开放 40 年的成就与经验浅谈以下看法。

“一带一路”关系地区和平稳定

2015 年博鳌亚洲论坛的主题是“亚洲新未来：迈向命运共同体”。今年的主题“开放创新的亚洲，繁荣发展的世界”与之一脉相承。我认为当前亚洲国家在构建人类命运共同体方面，或者说在合作、开放等方面面临着一项重要课题，那就是如何建立一个没有纷争、所有国家都获得发展、所有人都能幸福生活的世界。这应该是全人类的共同理想。把理想变为现实，需要政治领导人高瞻远瞩，指明方向，并尽最大的努力付诸行动。中国倡议构建人类命运共同体，正是基于这样的思路，并且中国具有实践的能力。希望各国能为实现这一构想携手努力。

在构建命运共同体的问题上，共同发展、共同繁荣是一项重要课题。希望中国能提出包括外交领域在内的各项政策，在推动中国发展的同时，使域内其他国家也能实现发展。这项工作非常重要。

在即将开幕的2018年博鳌论坛上，“全球化与一带一路”是一项重要议题。我认为，“一带一路”倡议是历史上丝绸之路的扩展和延伸，相关国家都应该乐见其成。对于世界而言，这项倡议也有望推动经济领域、环保领域开展对话和协商，促成物资、人才和信息的自由流动。这不仅是一个巨大经济圈，还是关乎世界和平与稳定的地区建设工作。这项工作刚刚启动，全球都在关注它的发展动向。要推进该构想取得成功，需要与相关国家充分协商，同时也要切合这些国家的利益。“一带一路”倡议与人类命运共同体构想相似相通，都基于协商和共同发展。所以，亚洲各国都乐于参与。希望各国能在对话中让其他国家了解自身的想法和难处，在此基础上全力合作。国家间的交往与朋友间的交往是一样的。朋友之间也会有利害关系，只有能跨越利害关系，才称得上是真正的朋友。

“一带一路”横跨欧亚大陆，希望大家也不要忘记日本。日本非常关注中国将如何主导这项工作。我认为日本应该参与到“一带一路”构想中，并尽力提供合作。日本也有很多经验可以在其中充分发挥作用。“一带一路”未来有广阔的发展空间。我对“一带一路”充满期待，也希望它能成为亚洲国家未来保持和平的原动力。

“中国对世界敞开的一扇大门”

2018年是我最后一次担任博鳌论坛理事长。我认为未来应更好地发挥这一机制的作用。

博鳌论坛成立的初衷是让亚洲国家团结起来，通过协商解决问题。之后它的意义在不断变化和发展。今年，我们迎来了第十八届博鳌论坛。如今，博鳌论坛作为一个公开交流意见的平台，具有非常重大的意义，也推动了中国和地区国家的全球化进展。中国为此付出了巨大的努力，我对此表示感谢。

另外，对于中国而言，这是中国对世界敞开的一扇大门，可以在这里自由发表意见。这一机制目前包含日中韩等 27 个亚洲国家以及澳大利亚和新西兰，总体规模比北美经济圈、欧盟经济圈都要大，“亚洲力量”（Asia power）不容小觑。希望今后能够充分发挥这一论坛机制的作用，并使之成为更加多元化、作用更大、世界影响力更强的机制，充分激发“亚洲力量”。

当前，世界上出现了一些“反全球化”的现象，比如美国利用关税等采取贸易保护措施，这也许是国内问题的延伸或结果。对于美国的国内政治，我们不予置评。但我们清楚这种做法与当今的世界潮流背道而驰。希望美国自身能意识到问题并调整方向。我们今后应该继续坚定自身的想法，并且与世界各国继续切实开展合作。正是在这样的时期，亚洲国家更应该围绕经济合作仔细磋商。区域全面经济伙伴关系协定（RCEP）签约谈判已经取得进展，有可能会在近期生效。总之，我们要重视开展对话和磋商，只有开展对话才能了解彼此的想法，在对话中开展协调也至关重要。

人类命运共同体的实践与验证

2018 年 6 月 25 日

日本和中国是亚洲最为重要的国家，两国关系持续稳定地向前发展，不仅对日中两国非常重要，还关系到亚洲的未来，甚至关系到世界和平与稳定。因此，日中两国应共同努力，不再让两国关系的发展偏离正常轨迹。为此，我们愿发挥积极作用，共同促进中国新一轮改革开放的进程。

日中关系行稳致远

上小学前，由于父亲福田赳夫工作的关系，我曾在中国南京居住了近半年时间。当时在中国的生活和经历，以及对中国的认识在我的记忆中留下了深刻的印象，也潜移默化地影响着我日后对中国问题的思维方式。我始终希望中国和日本能够成为维护亚洲和平、促进发展、共同繁荣的伙伴。

1978 年，我的父亲福田赳夫担任首相期间倡导日本全方位和平外交，与中国签订了《日中和平友好条约》。随后邓小平先生访问日本，回国后不久提出了改革开放的重要决策。自此，中国经济开始对外开放，社会面貌开始发生了翻天覆地的变化。特别是，在基础设施建设领域，中国用了十几年的时间，高铁通车里程超过 2.5 万公里，相当于日本新干线里程的 8 倍。当前，中国政治稳定、社会秩序良好，为经济发展创造了良好的环境，我为中国的发展感到欣慰。

2018 年 6 月，我再次回到南京，参观了侵华日军南京大屠杀遇难同胞纪念馆，为遇难者献花圈并哀悼。历史问题一直是阻碍日中两国关系进一步发展的主要障碍，然而事实就是事实，应该尊重历史。日中两国国民不应忘记历史，不应忘记战争的残酷代价，我们决不能允许悲剧再次发生。我们应面向未来，齐心协力，为创建和平美好的新时代而努力。

战后，日本经历经济复苏与经济增长时期，经济上取得了很大的发展，同时也有失败的教训。我认为，经济发展不能操之过急，否则会走弯路。中国可以参考日本过去的经验，寻找符合自身发展的正确道路。

战后，日本出现过粮食不足、时常发生暴动示威的社会不稳定现象。当时，政府采取了许多发展经济的措施，实现了经济高速增长，稳定了社会秩序。我父亲在 1955 年至 1975 年的 20 年间，担任过大藏大臣、农林大臣、经济企画厅长官等与经济相关的重要职位，还在自民党担任过干事长、政调会长等要职，是自民党内制定和执行经济政策的主要负责人。他在经济政策领域的决断与丰富经验，对经济高速发展时期的日本起到了非常重要的作用。希望中国在经济高速发展时期也能够利用经济手段顺利解决发展道路中遇到的各种问题。

2008 年，北京举办了奥运会，这对中国至关重要。奥运会不仅仅是一场体育赛事，也是一个国家进入新时代的标志。比如，1964 年的东京奥运会使日本进入了新的时代，也使日本国民认识世界的观念发生了很大变化，日本的复兴随之进入了新阶段，自此日本开始思考与世界的联系以及对国际社会应做出什么样的贡献。2008 年，中国也已经进入到这样的阶段。中国成功举办北京奥运会和残奥会，很大程度上提升了中国的国际形象，向世界展示了中国的风采，也使中国国民意识到了时代赋予的新的使命与责任。

2008 年，我担任首相期间，与中国签订了第四个政治文件《日中关于全面推进战略互惠关系的联合声明》。时隔 10 余年，如今，日中双方签署的四个政治文件，对推动日中关系仍具有重大意义。中国正在向世界展翅高飞，这正是世界所需要的中国，日本也应提供大力帮助，相互合作，共建向世界展翅飞翔的亚洲。

父亲和我都是“中国人民的老朋友”，一直担当日中关系“协调者”乃至“消防员”的角色。1978 年我父亲担任首相期间，与中国签订了《日中和平友好条约》，这份不足千字的文件为中日关系确立了政治基础和法律规范；30 年后，我在担任首相期间，与中国签订第四个政治文件《日中关于全面推进战略互惠关系的联合声明》，成为新的历史条件下指导两国关系发展的原则方针。

我在任首相期间，实现了日中关系史上的几个“首次”：第一个“首次”是，2007 年 9 月 28 日，我与温家宝总理进行首次日中首脑电话会谈；第二个“首次”是，同年 12 月我访问中国，胡锦涛主席主持晚宴，实现了继中曾根首相访华以来时隔 21 年的“迎春之旅”，我成为历史上首次访问孔庙、在北京大学演讲并在全国直播的日本首相。在此期间，日中两国的关系开辟了新的阶段，为亚洲的发展带来了机遇。

亚洲合作前景广阔

2007 年，我提出亚洲将会是未来世界发展的中心。当时亚洲人口占世界总人口的近七成左右。10 年后，加上印度，大概会占世界人口的九成左右。亚洲的经济规模也会随之扩大，“亚洲世纪”即将到来。

在这样的背景下，仅仅是扩大经济交往还不够，还需要全方位的合作，这样才能成为成熟的亚洲。从内在价值因素看，亚洲的良好发展在于稳定。亚洲各国国内要稳定，邻国关系也要稳定，这就需要建立新型亚洲国际关系，日中韩三国关系尤为重要。

当前，亚洲虽然发展势头好、未来发展空间大，但也有自身需要解决的问题。

首先，我认为应处理好日中韩三国间的双边关系。如果日中韩之间产生矛盾，亚洲也会出现混乱。只有亚洲团结，世界各国才能安心地与亚洲自由交往。因此，日中韩作为亚洲最重要的三个国家，不能再继续争斗下去，应通过对话增进相互理解与相互信任，促进共同发展，实现亚洲乃至全球范围的和平与发展，这是我的“亚洲梦”。

其次，我认为应处理好亚洲与美欧间的关系。2008 年的时候，受金融危机影响，欧洲经济处于停滞状态；美国虽然克服了危机但发展速度缓慢，目前仍承受着巨大的贸易赤字压力，至今财政状况没有好转的迹象。

中国一直高举改革开放的大旗，经济保持快速增长，实现了高速发展，并在短时间内取得举世瞩目的进步，这是其他国家不曾出现过的奇迹，中国是人类历史上第一个做到的国家。希望中国能够倍加珍惜已经取得的成绩，并在此基础上建立和完善更为高效的体制和机制。

目前，国际社会对中国的批评之声时有发生。我想产生误会的原因之一，是现在的中国刚刚开始新的事业，实际结果还需要在今后的实践中进一步得到检验。如果要让全世界理解，估计还需要 3 到 5 年时间。实际效果显现之前，可能会有各种不同声音出现，甚至诽谤、中伤。

中国的快速发展，也是引起外界误解的另外一个原因。世界上没有任何一个国家能够如此快速向前发展。很多国家提高了警惕，其中包括以美国为首的的经济强国。

因此，中国反复强调构建人类命运共同体理念这一做法是正确的，还需用不懈的努力和行动来证明这种坚持和努力是正确的。

亚洲人要有一种责任感和时代观，明确自己的历史使命，“博鳌亚洲论坛”对此进行了很好的阐释。2010 年 4 月我担任博鳌亚洲论坛理事长时，中国正处于经济快速发展时期，GDP 超越日本，成为世界第二大经济体。当时中国最需要全球思维，并将这种理念付诸行动。“博鳌亚洲论坛”就是“中国面向国际社会的窗口”，中国可以通过这一窗口开展广泛的对外交流，学习先进的经济管理方法，这对促进中国经济发展有着重要的意义。同时，也为促进中国与国际社会的相互了解提供了良机。因此，在中国发展最为重要的时期，该论坛对中国走向世界发挥了积极作用。

人类命运共同体砥砺前行

东亚主要国家之间的关系受到全世界的普遍关注，特别是日中、日韩之间已经存在的既有矛盾，成为全球聚焦的问题，如何打破目前的僵局，需要各国做出政治性决断。

在亚洲，除了民主主义、市场经济等在全球范围内被广泛认同的价值观以外，我们还共有亚洲传统的价值观。所谓“亚洲传统的价值观”，实际上是指一种“包容的精神”，可以说其核心就是亚洲文明的精髓：自我克制、避免冲突。

先父福田赳夫一直主张“命运共同体理念”，即人不可能独自生存于世，人与人之间需要“包容的精神”。这是一种极为朴素的思维方式，即“人类不能独自生存，需要互相帮扶”。从基本意义上讲，无论是在国内或是在国际社会，在协调内外相互关系时，不能只考虑到自己，为他人着想以及相互帮扶的精神非常重要。如果没有这样的境界，世界不会变得更好。此外，我们还面对废除核武器、环境、人口等各种问题，以及人类生存发展所必须面对的众多问题。每个人都应该拥有“命运共同体”意识，为解决问题尽自己的责任。

福田赳夫在任期间实行了全方位的和平外交。1983年东西方处于冷战时期，美苏两国疯狂进行军备竞赛，军扩不断升级。他们各自拥有数量庞大的核弹头，不仅给人类带来巨大的威胁，而且为了拥有这些核武器，影响了经济的发展，导致经济衰败，其后果对于美苏两国或对全世界来说意味着什么不言而喻。除此之外，世界上还出现了诸如环境、人口、粮食、能源、宗教纷争等诸多全球性问题。因此，日本感到必须向国际社会发出强烈呼吁，寻求解决这些问题的方法。为此，福田赳夫在国会施政方针演讲时多次谈及，并提议创立了OB首脑峰会机制，即“前政府首脑国际行动理事会”，会议汇聚世界各国的前领导人，各自抛开本国的立场，大家畅所欲言，会后整理会议纪要，由参会人员带回本国，提交给本国首脑，并敦促其制定相应对策。首届会议在奥地利首都维也纳召开，此后每年都会召开。福田赳夫的理念逐渐被认同，亚洲迎来了新的发展时期。峰会曾提案要求美苏两国放弃拥有核弹头和停止军备竞赛。几年后实现了里根与戈尔巴乔夫决定停止核竞争。此外，全球矛盾四起，宗教纷争经常会成为引发国际纠纷的导火索。因此，在福田赳夫的提议下，OB首脑峰会增加了政治家与宗教人士的对话环节。

2014年习近平主席访问欧洲各国，倡议建立人类命运共同体，该倡议将欧洲与中国联系在一起。同年，我将OB首脑峰会30多年的成果和智慧归纳整理成书，出版了《世界为何竞争》，该书的中文版于2017年在中国出版，其“命运共同体理念”，与中国的理念相契合。

2017年秋天，习近平主席在中国共产党第十九次全国代表大会上明确提出，共建人类命运共同体，创造人类可持续发展的世界。这个理念与福田赳夫提出的“命运共同体理念”是相通的。作为近 14 亿人口的最高国家领导人，提出构建人类命运共同体的思想，主要是为了让中国成为国际上可信赖的国家，使全体人民过上幸福的生活。中国能够在快速发展的阶段提出这一理念，充分说明了中国的历史使命感与责任感。

亚洲的发展是世界上其他地区所不具备的，而亚洲的中心是以日、中、韩三国为中心的东亚地区。身在其中，我们不能只为自己的发展而欣喜，还要承担起其中的责任。我们必须率先垂范，建立良好关系，增进友好交往，承担起所肩负的责任，促进亚洲稳步发展。那样，世界看到的将是一个大而充实的亚洲，一个令人安心的亚洲，一个为世界贡献正能量的亚洲。这是亚洲梦，也是人类命运共同体之梦。梦需要实践，需要从上到下，从内到外共同努力。

对世界巨变的感悟

2018 年 10 月 14 日

记得去年在北京召开北京—东京论坛的时候，我曾经指出，世界将要再次发生巨变。最近，我们切切实实地感受到这种变化正在逐渐发生，非常遗憾。那就是，世界性的政治经济安全等大架构，或者说大机制，开始发生巨变。战后 70 多年来保障世界和平与发展的国际性机制，也就是我们现有的国际秩序，似乎开始动摇起来了。

在我小时候爆发的第二次世界大战，给人类带来了前所未有的重大灾难和痛苦。二战以德国和日本的失败而告终。日本国民，包括我本人在内，在克服了战后大混乱时期的困难之后，至今长期享受着持续和平和富足的生活。日本战后的和平和繁荣，是日本国民付出努力的结果。再谦虚一点说，也有日本运气比较好的成分。今天我们一起来回顾走过来的历程，可以发现，战后国际社会共同构建的国际秩序，实际上为日本的复兴与发展、和平与繁荣奠定了基础。

在怎样建立战后国际秩序这个问题上，美国、英国、苏联，再加上中国也都发挥了重要作用。中国也是战后国际秩序的缔造者之一。

现有的战后国际秩序是为了避免战争发生，维护和平与发展而建立起来的。但事实上，自古以来没有一个国际秩序是完美无缺的，它本身也存在着种种缺陷。当然，中国也是战后国际秩序以及由此生发的经济全球化受益最大的国家之一。全球化经济是以自由的人流、物流、资金流和信息流为前提，更重要的是以世界和平为前提。现有的战后国际秩序保障了这些前提因素。然而，最近以来，一直处于维护战后国际秩序中心地位的欧美国家，似乎出现较为疲惫、消极的局面。

现在到了需要加强和完善这种秩序的时候了。除了日本和中国以外，其实亚洲各国也都在现有国际秩序框架下不断取得了发展。维护、加强与发展现有的战后国际秩序，符合世界的利益，符合亚洲的利益，也符合日中两国的利益。为了维护和发展现有的国际秩序，日中两国现在必须共担责任，共同付出努力。为此，我们首先要遵循战后国际社会规则来行事。国际社会应该一起创建开放的、共同磋商的平台，大家在这个平台共同磋商建立新国际组织和制定新规则。当然磋商对话需要一定的时间。但我认为这也是一种国际规则。

今年是《日中和平友好条约》缔结 40 周年。当时参与缔约的领导人，事实上是参加过战争的一代人。正因为如此，他们有着日中两国绝不能再战的强烈共同信念，有着一定要建立和平友好合作的关系，并把它传承给后代的强烈愿望。因此，才有了和平友好条约，架在日中之间的桥梁也从原先的“吊桥”变为了更加坚固的“铁桥”。不过，后来日中之间也并非风平浪静，摩擦和风波时有发生，非常遗憾。也正因为如此，今年我们要重新回到《日中和平友好条约》的原点和出发点，本着条约精神和原则，去深思如何发展这种关系。那就是，日中两国绝对不能再次发生战争，要积极建设和平，要建设面向未来的友好合作关系。所以，在世界秩序已有动摇的今天，日中两国更有必要重申这一出发点，使之成为今后放眼世界加强日中合作关系的基础。

我们必须拉近两国民众间的距离，增进亲近感，增强互信。因为我相信这是日中两国关系的真正基础。期待本次论坛也能从大局出发，为拉近两国人民之间的距离和关系发挥积极的作用。

践行人类命运共同体的具体步骤

2019 年 5 月 12 日

我们已经迎来了一个瞬息万变的时代。10 年前，中国还没有如现在这样在世界经济体系当中占据如此重要的地位。10 年后，现在的美国和中国已经成为世界两大经济强国，中国甚至已经成为一股可以引领全球发展的力量。所以我非常想了解，大家如何回顾这 10 年来的变化，又是如何去总结这 10 年，形势的变化与实力的改变又是如何进一步影响对外政策。面对种种时代变化过程中产生的问题，我们不能对当下及未来的发展趋势做出错误的判断。而这 10 年来最令我担忧的便是“误判”，为此我也在日本国内反复强调，一定要认识到世界正在发生巨大变化，我们正面临复杂的国际形势。昨天，中日两国的各大报纸几乎都在大幅报道中美之间的贸易谈判问题，可以说无论中美两国承认与否，它们都已经成为世界上受人瞩目并举足轻重的两大国家。我们必须要了解，在这 10 年之中，中国人民集中力量、共谋发展才取得了如今的世界地位。但与此同时，世界也在增强对中国的关注，或者说内包于其中的一种苛刻的审视成分也在不断提升。面对这样的情势，中国的应对将影响中日之间的关系走向。但在这个过程中，日本又应该起到何种作用，扮演何种角色？这也是我们要思考的问题。换句话说，这就是我们现在所面临的时代课题。

事实上，日本对当前中美之间的对立摩擦事件深表理解。之前，日美之间也曾发生过贸易摩擦，我们有过深刻的教训。今天在座的学者当中也有当时和美国进行谈判的日本官员。现在的中国官员如何与美国打交道，他们的心情如何，可以说曾经经历过这番较量的日本官员们在五十年前就开始体验。他们最能了解，日本当时是如何与美国进行博弈的，是占据优势还是劣势。在与美国的谈判过程当中，日本有所获利，当然也存在不少的让步。最后，这些让步给日本带来了很多利益，使日本得到了美国和欧洲的认可。在时间的推移中，日本现在的地位也逐渐获得了全亚洲乃至世界的认可。

虽然日本和美国过去曾经有过对立和摩擦，但这些给日本带来的并不只是坏事，当然更多的是坏事，因为美国在对日本施以高压的过程中，日本承受了重大的压力。日本政治家在与美国贸易谈判的过程中有着十分痛苦的经历，最终双方签署了“广场协议”。实际上，现在中国与之前日本遇到的问题是一样的。美国人批评日本是官僚国家、是公司制国家，官僚一统日本产业界，日本是以举国之力支撑企业发展了，以举国体制与之竞争。因此现在美国在与中国打交道时的言论不禁让我想起当年他们的对日论调，可谓言犹在耳。“广场协议”签署后，每一年日美之间都有新的贸易摩擦谈判。即使情况不容乐观，但并不意味我们只能对此置之不理，我们需要一个解决问题的可行性方案，因为这将关系到全球未来的发展趋势，请大家一定要有这个大局意识。现在中国已经上升到世界两大国之一的地位，大家一定要对此形成共识。

日本的成功经验在于，我们把和美国打交道这件事当作了日本社会变革的契机。这是非常痛苦的选择过程，因为如果日本政治家不能妥善处理，将会给日本社会带来灾难性混乱，给农业带来严重的打击。在这样的背景下，我们一直探索日本农业的生存之道。由此来看，与美国的斗争给日本带来的确实不只是负面影响。美方虽然提出诸多要求，但中国也需抓住机会，不要认为中国就是中美贸易争端事件的受害者，而是要积极以此为机遇，通过不断的调整来寻找中国未来的发展路径，挖掘推进中国经济向好发展的因素。现在，这个谈判仍然持续，希望大家抓住时机，把当下的“危机”转变为“机遇”。如果不能做出适当的应对，整个事件将给全球带来严重的影响。要认识到，如果连中国这样的国家都无法做出令人期待的应对，那么全球其他国家将更加无所适从。中国是一个大国，中国要和其他国家携手共同面对挑战，这就是人类命运共同体，我们今后要向着构建人类命运共同体展开更多具体的行动。我完全赞同人类命运共同体理念，而且我认为，这正是中国需要不断坚持走下去的道路。这条道路一定会为中国人民以及全世界人类带来福祉，请大家时刻不要忘记，自己正处于这样的形势挑战与道路选择时期。

我认为，面临国际情势不断变化过程中出现的新变局，一定要用积极心态去应对它。希望大家好好研究日本曾经走过的路，了解日本的经验，并对这些问题给予客观的评价。当然，其中也有日本做得不甚完美，或是比较失败的地方。总体而言，我认为日本做出了较好的应对，所以日本的经历也请大家多多研究，以供参考。

实现人类共同的梦想

2019 年 10 月 26 日

今年中国迎来了新中国 70 华诞这个值得纪念的年份，在过去 70 年里，中国人民通过艰苦卓绝的努力实现了今天空前的发展。无论是发展速度还是发展规模，都是人类史上史无前例的。对于中国人民取得的伟大的成就，我在此表示敬佩和祝福！

今年日本迎来了令和时代，令和的愿景是和平、安宁，充满对明天及未来的期待。这个年号与日本国民的心愿是完全契合的。

日本自古以来非常珍视自己的传统和文化，同时也积极引进外国的先进文化，比如以汉字为代表的中国古代文化也是其中的一部分。日本通过学习、吸收，并且创造了自己的文字，发展至今。进入近代特别是明治维新以来的 150 年里，日本学习西方文明，逐渐走向成熟社会。如今日本已经把吸收的外来文化变成自己的东西，这也令日本变得更加自信。

中国对已经取得的巨大成就充满自信，而且在面向未来时更是充满了豪情。进入 21 世纪之后，中国经济发展仍然十分引人注目，同时民众的意识也发生了变化，需要和国际社会进行更多的协调和合作，这是中国面临的课题。我想今后的中国一方面要为发展取得的成果感到欣慰与自豪，同时也必须要应对由发展结果而带来的新的课题与挑战，而且这种挑战与过去相比，维度不同，难度也更大。

日本也同样面临巨大挑战，比如人口减少、老龄化、自然灾害频发，这些课题都横亘在日本面前，我们必须勇敢迎接这些挑战。应该认识到，日中两国面临的局面，相比过去其复杂程度都有所提升。同时，全球正面临百年之未有大变局，而正是在这种全球性的大变动的背景下，我们又各自面临着国内的困难和问题，这也许正是历史对我们的考验。

正因为如此，现在日中两国应该像以往一样找出未来的发展愿景，并为此付诸努力，应该说两国正处于这样一个阶段。在这种背景之下，东京—北京论坛迎来了第十五届。在过去 15 年里，日中关系历经风雨，跌宕起伏，但该论坛从未中断，一直持续到今天。如果没有“日中关系必须向前发展”的坚定信念，是做不到这一点的。我们应该更加坚定信念，并付出努力。同时也向这些秉持信念、为举办论坛付出巨大努力的日中双方各方表示敬意和由衷的谢意。

在去年两京论坛上，我曾讲到世界形势正在发生巨变——世界政治、经济、安保的格局正发生一系列变化，可以说“大楼的框架”开始嘎吱嘎吱作响。这是因为战后 70 余年支撑着世界和平与发展的国际性机制正发生着变化，即国际秩序开始动摇。其中具有象征性意义的事件就是特朗普政权的诞生，特朗普上台后就标榜美国优先和单边主义，其实这些内容早就隐藏在美国的对外交往当中，已不是令人吃惊的内容。但是美国民众能把特朗普推选为总统，这件事情不得不令我们认识到美国社会发生的巨变，这是一件大事。透过这件大事我们可以看到，美国社会对于美国作为世界领导已经力不从心，开始感到疲惫了。也就是说过去一个多世纪以来，美国一直参与领导世界事务，如今他们想要抽身而去，是不是有这种可能性呢？

另外，特朗普愿意参与的世界事务仅仅是与本国利益有关的部分，这是美国整个社会氛围所在。这种动向不仅在美国，在欧洲也可以看到。在国际社会具有领导地位，当然意味着在各方面具有很强的影响力。但同时也意味着必须要承担相应的责任与担当。

30 年前，苏联解体后美国成为名副其实的唯一的超级大国，美元凭借美国强大的经济竞争力与实力，成为国际基础货币，令美国能够拥有这种国家特权。但美国认为，有些“任性”的国家最大限度利用和享受美国付出代价构建并维持的国际秩序实现自我发展，居然还有赶超美国之势，这是美国不曾预想到的。1990 年后的日本就是美国眼中“任性”的国家。当美国目睹这些国家的“任性”行为，很多美国人就认为他们之前所力挺的战后国际秩序的理念与价值观已无足轻重。但是，另一方面，不仅日本，包括中国在内的亚洲国家以及全球范围内的很多国家，正是在这种战后国际秩序下经济得到振兴，并取得持续发展，这是不容否认的事实。

现在美国作为世界领袖有些力不从心，也是其背景之一。我想欧洲主要国家也出现了类似情况，一直引领世界发展的主要国家都有些力不从心的问题。因此我刚才提到战后国际秩序现已陷入了困境。但是非常遗憾的是，迄今为止人类还没有找到能够超越目前国际秩序的全新构想。在这种背景之下，当前我们能够想到和做到的，就是进一步维护与加强战后国际秩序，同时构建多边框架，让自由经济得到进一步发展，这符合全球利益，也符合亚洲利益，更符合日中两国的国家利益。包括 WTO 改进与改革，作为世界两大经济体，日中两国应该一起想办法做工作，这是时代的潮流，也是时代对我们提出的要求。两国应该正确把握眼前庄严的现实，在此基础上思考今后日中关系的愿景。为此，我认为应继续坚持以下两个基本原则：

第一，我们不应该仅为本国眼前短浅利益所限制，而应该提供国际公共财产，也就是与国际社会一起构建当前国际社会不可或缺的国际政策。这项基本原则符合本国的长期利益，这是毫无疑问的。但是，它有可能和短期的利益发生冲突和矛盾。因为在短期内它意味着本国国民要承担更多的负担。但为了本国长期利益，我们应该下定决心坚持这项原则。比如为坚持贯彻自由贸易原则，我们应下定决心开放本国国内市场，这就是其中一个非常典型的事例。

第二点，国际社会需要理念与原则，同时为了让理念和原则得到贯彻，需要有相应的规则，而为了让规则得到落实，又需要相应的机制。如果没有机制加以保障，国际社会就有可能回到二战前所谓强者为胜的丛林法则中。目前国际社会仍不完美，我们依然朝这个目标去努力。我们虽然在迈向目标的路上，但是也取得了相应的成果。我们应与国际社会一起付出相应的努力，去进一步补充和完善现行国际秩序。我非常赞同与支持习近平主席提出的人类命运共同体倡议，并给予高度评价。为了让现行国际秩序变得更好，在人类共同努力的过程中，习近平主席的倡议给我们提供了方向，使我们从中受到极大的启迪。作为单独个人，谁也不能离群索居，国家也是一样，只想让自己国家受益，这种事情是做不到的，也是不可能的。只有各美其美、美美与共，通过相互合作成全其他国家的美好未来，自己国家才会有美好的未来。让全人类享有幸福，这是全人类的共同心愿所在、理想所在。人类命运共同体正是着眼于此。我非常期待国际社会所有成员都参与进来，认真进行协商，使这个倡议成为人类共同的梦想，我衷心希望早日实现这一梦想。我们应该站在这样的高度思考日中关系问题，并开展经常性对话，其实现在已经到了这样的时代。其中如何使东亚地区的和平与发展保持强有力的势头，这一主题仍然十分重要。

日中两国当前面临着很多复杂困难的课题与挑战，双方通过合作寻求解决与应对的办法，这一点对我们来说也是非常重要的课题。但是，我们还需要让两国关系变得更好，因为只有如此，才能进行更好的协商，取得更好的成果。当然，两国首脑以及政府间的互信关系固然重要，但更重要的是两国国民之间的关系，必须要不断发展，并且要不断加以巩固。从这个意义来说，对于拉近两国关系交流，最为有效且最接地气的手段仍然是加强两国间的人文交流。去了解对方，对对方产生敬意，才能使彼此国民互信关系得到加强。从这意义上来说，广义的人文交流是不可或缺的，我们必须不断加以扩大与深化，吸引到更多的人参与这一过程，对对方的国家产生兴趣，并且参与并融入两国间的人文交流中。

希望双方付出更大的努力，使此前参加文化交流活动的人能够发挥更大的作用，同时对现在有意愿参加人文交流的人们，给予更多的鼓励与支持，这样才能使日中两国的文化交流不断扩大与加深。我认为在这个领域，日中两国可以确定一个更加具体的框架，能够让更好的交流在更广泛的层面更加顺利地举行。

为进一步加深两国国民间的相互理解，我希望两国间建立一个更加具有包容性的、全面性框架，不仅仅是文化、艺术、体育、教育，包括科技、健康、医疗、法律等等，这些领域都可以涵盖进来。当前日中两国通过首脑往来使两国关系完全实现了重回正轨，这一点是令人可喜可贺的。而且在此之后，安倍首相年内也会再次访华出席日中韩三国首脑会晤。如何让两国的关系在此基础上得到进一步强化，让两国合作关系得到发展，需要两国贡献出智慧和力量。

当前世界形势愈加不稳定，正因为如此，两国的合作才变得愈发重要，我们应该着眼于世界大局，着手构筑更好的合作关系。在此过程中，我们希望日中两国政府已经达成共识的众多项目，能够更多更好地得到落实，而这种落实也一定能够让两国的互信关系得以加强和巩固。

战胜新冠疫情需要国际合作

2020 年 6 月

新冠疫情正在全世界蔓延。如果没有疫情，日本全国上下应该正一片欢腾，沉浸在对 1 个月后即将举办的东京奥运会和残奥会的期待中。

新冠疫情的蔓延使人类再次认识到大流行病的恐怖。而且，如此大规模且势头迅猛的疫情，在人类历史上恐怕尚属首次。

近年来，大流行病的发生频率逐渐上升，我认为其背后原因有两个。一是国际社会的全球化进程不断推进，一个典型的例子就是每年有多达 35 亿人次乘坐飞机往来于全球各地。

二是全球变暖的影响以及人类破坏地球环境行为的影响。近年来由于气候变暖，人们在开始融化的西伯利亚永久冻土中发现了 3 万年前毒性极强的巨型病毒。此外，亚马逊热带雨林的滥伐也造成一些未知病毒出现。

我们人类应如何应对今后有可能频繁暴发的大规模流行病?

现在，全世界医疗工作者正在全力研究应对疫情的新措施，对此我由衷地表示感谢。核心问题是特效药和疫苗的研发，这点毋庸赘言。

现代的大流行病在全球扩散速度非常快。即使封锁国境、限制人与人的接触，也难以完全防止蔓延。每个国家如各自为营，将很难快速应对，因此建立包括信息共享在内的国际合作机制不可或缺。其中，世界卫生组织的重要性自不必说，每个国家都应积极配合世卫组织的工作。

尽管国际社会的协作非常必要，但遗憾的是，目前相互合作并不充分。主要国家之间没有建立良好互信，各个国家似乎仍在各自为战。坦率地说，在这场全人类的危机面前，一些大国不仅没有推进合作，反而忙于竞争和相互指责，导致国家间的信任危机更加严重。

在我看来，当前国际社会最大的问题是，一些大国不承认自己的错误，不断甩锅、推卸责任。

每个国家都有自己的国情。尽管如此，从国际社会角度看，这种做法还是难以理解。对于许多国家来说，如果有的大国完全不肯承认自身错误，那么他们将很难在经济和安保方面依靠大国。因为国与国的关系如同人与人的关系，需要讨论、谈判、协调，有时也需要妥协。即使短期内在自身利益上有所让步，也要维持双方长期的利益均衡，由此才能构建信赖关系，增强相互依存意识。这也正是人类命运共同体的核心理念。

在此次疫情中，IT 和人工智能大显身手。事实证明，IT 和人工智能的作用不仅在应对流行病方面，在应对犯罪、灾害等维护社会稳定、促进社会发展方面，也大有可为。我们必须进一步发展这方面的技术。

不过，我认为，在运用 IT 技术保障社会安全时，不能损害人的个体本质。人是社会性动物，人与人的联结构成了社会。但与此同时，每个人都拥有自己的精神世界，这对于个体生存不可或缺。因此，社会需要留出一定程度的个人隐私空间。如果否定人的个体本质，那么这个社会将让人倍感束缚。

我衷心希望在此次疫情中，各国能够在相互理解的基础上增进合作。

在疫情蔓延的困境中寻求转机

2020年6月9日

新冠疫情目前正在全球蔓延。日本原本将为世界奉献一场充满激情的奥运盛会。遗憾的是，奥运会无法在今年举办了。此次新冠疫情在全球蔓延，证明疫情暴发会给人类带来巨大的恐慌。如此大规模且势头迅猛的疫情在人类历史上实属首次。

近年来，此类事件正在频频发生。第一，国际社会的全球化在不断发展，疫情之大，速度之快，令人震惊。第二，全球变暖、环境破坏不断加剧。由于气候变暖，研究人员从逐渐融化的西伯利亚永久冻土中发现了3万年前的巨型病毒。另外，还有在砍伐亚马逊的热带雨林的过程中发现的一些未知病毒。

摆在我们面前的问题是人类应该如何应对频繁、大规模的疫情暴发。我由衷感谢全世界的医务工作者，他们在全力开发应对疫情的疫苗和药物。毫无疑问，找到特效药、开发疫苗是重中之重。疫情暴发后在全球迅速蔓延，各国相继封锁国境，限制人员往来。即便如此，也很难完全控制疫情蔓延。如果各国各自为政，将难以迅速解决相关问题。包括加强信息共享在内，构建国际合作机制是不可或缺的。WHO的作用毋庸置疑，每个国家都应给予协助。

尽管我们都认识到国际社会必须要开展合作，但令人遗憾的是，当前的合作并不充分。部分国家之间没有建立互信关系，各国都在各自为战。坦白地说，部分国家只顾批评指责、排斥合作，最终只会引发各国间更为严重的不信任。

我认为当前国际社会在应对疫情中最大的问题就在于此。虽然各国国情不尽相同，但放眼整个国际社会，出现这种现象是很难理解的。只有世界上所有国家都直面问题，大家才能成为值得彼此信任的伙伴。和人与人的关系一样，国家与国家的关系也可以通过谈判协调。其中需要妥协、磨合、谦让，即使自己当下吃亏，也要维护双方相互信任的关系，增强相互依存的意识，这正是人类命运共同体的核心理念。

此次疫情发生后，IT 和人工智能技术的广泛应用非常引人注目。显而易见，这些技术手段的应用领域不仅涵盖遏制病毒流行，还包括应对犯罪和灾害等，是维护社会稳定的重要工具。我们也必须进一步提高运用相关技术的水平。

我认为，利用 IT 技术保护社会不能抹杀每个人的人性。人类是社会性动物，社会的形成离不开人与人的连接。每个人在生存中，都需要保留自己的内心世界，社会也必须为个人隐私保留一定的空间。如果人性无法得到肯定，社会一定会让人倍感束缚。我衷心希望本次论坛能帮助各国将疫情转变为机遇，增进国际社会的相互理解，推动国际社会不断发展。

日中应携手成为构建人类命运共同体的中坚力量

2021 年 8 月 28 日

日本东京奥运会已经顺利闭幕。日本和中国的奥运健儿都奉献了精彩表现，在此向满载而归的中国运动员表示祝贺。

东京残奥会已于本周开幕，明年 3 月，北京冬奥会也将举行。东京、北京相继举办奥运会，这是向全世界展示亚洲经济社会发展和活力的盛事，令人欢欣鼓舞。

另一方面，去年年初暴发的新冠疫情在全球蔓延，给国际社会带来巨大挑战。东京奥运会举办时，也曾面临巨大难题，即如何办好这场全世界运动员齐聚一堂的体育盛会，同时又做好防疫工作。

与许多国家相比，日本新冠感染者的死亡率相对较低。但日本国民的新冠疫苗接种率并不高，仅达 4 成，加之第 5 波疫情袭来，是否按原定计划举办奥运会、没有观众的奥运会是否有意义等问题在日本国内引发了巨大争议。若只是为了不输给新冠病毒来举办奥运会和残奥会，那这两场赛事将会获得怎样的评价？这个问题就交给后人去评判吧。

我相信，中国一定能够在北京冬奥会期间做好各方面工作。面对这场来势汹汹的全球大流行病，我再次深切感受到包括日中两国在内的国际社会共享信息、加强合作、协同应对的重要性。

我们还面临其他全球性危机，诸如全球变暖，以及随之而来的全球气候异常。最近，中国的河南省发生了特大洪水灾害，受灾人数很多，我在此表示诚挚慰问。

日本是自然灾害多发的国家，俗话所说四件最可怕的东西是“地震、打雷、火灾、老爹”。10 年前发生的东日本大地震大家想必都记忆犹新。不仅是地震，近年来在日本，由于气候异常导致的连续性强降雨以及洪水、山体滑坡等次生灾害频发。今年夏天，日本多地发生了有气象记录以来的最强降雨，引发了灾害。

因此，对于河南的洪涝灾害，我们日本人也感同身受。而且，日本国土面积有限，但人口众多，在东京这样的大城市，地铁线路、地下通道及地下基础设施密布，因持续强降雨而引发严重灾害的风险更高。

今年 8 月，联合国政府间气候变化专门委员会（IPCC）发布了新的全球变暖评估报告。报告指出，“人类的影响已使大气、海洋和陆地变暖，这是确定无疑的”，根据之前预测，全球升温将在 2050 年达到 1.5 摄氏度临界值，现在将提前至 2040 年，而这正是由人类活动所致。

对世界而言，应对全球变暖迫在眉睫。日本、中国以及国际社会，应当携起手来，团结一致应对挑战，情况已刻不容缓。

上个世纪，在国际社会，经济贸易、军事安全保障、人文交流等议题是国际关系领域的讨论焦点。尽管上述议题在当下仍然重要，但进入 21 世纪，全球大流行病、环境问题、国际恐怖主义等非传统安全威胁已成为主要挑战。

这些都是全球性危机，每个国家各自为营是解决不了的。现在我们需认识到人类命运共同体的重要性。为此，国际社会的合作必不可少，期待中国和日本的合作成为其中的中坚力量。

图书在版编目（CIP）数据

福田康夫看中国 ：东方智慧与世界和平 / （日）福田康夫著 ；王敏译. -- 北京 ：外文出版社，2023.11
（读懂中国）
ISBN 978-7-119-13861-9

Ⅰ. ①福… Ⅱ. ①福… ②王… Ⅲ. ①中外关系－研究 Ⅳ. ①D822

中国国家版本馆CIP数据核字（2023）第227112号

出版策划：中国国家创新与发展战略研究会
出版指导：陆彩荣
出版统筹：胡开敏

项目策划：贾秋雅
实施指导：贾秋雅
责任编辑：陈丝纶
装帧设计：柏拉图创意机构
印刷监制：秦　蒙

福田康夫看中国
东方智慧与世界和平
［日］福田康夫 **著**　王　敏 **译**

出 版 人：胡开敏
出版发行：外文出版社有限责任公司
地　　址：中国北京西城区百万庄大街24号　**邮政编码**：100037
网　　址：http://www.flp.com.cn　**电子邮箱**：flp@cipg.org.cn
电　　话：008610-68320579（总编室）　008610-68996181（编辑部）
008610-68995852（发行部）　008610-68996183（投稿电话）
制　　版：北京杰瑞腾达科技发展有限公司
印　　刷：北京盛通印刷股份有限公司
经　　销：新华书店 / 外文书店
开　　本：700mm × 1000mm　1/16　**印　　张**：11.25　**字　　数**：200千字
版　　次：2023年12月第1版第1次印刷
书　　号：ISBN 978-7-119-13861-9
定　　价：50.00元